プライベートバンカー
驚異の資産運用砲

杉山智一

講談社現代新書

2467

はじめに　日本のお金持ち、資産運用のナゾ？

「日本のお金持ちたちは、いったい、海外でどうやって資産を増やしているのだろう」

漠然と、そんな疑問を感じたことはありませんか。

ご存じのとおり、日本で資産を運用するのはなかなか簡単なことではありません。銀行や証券会社に行けば、投資信託やミニ株といった金融商品のパンフレットがあふれかえっていますし、書店には投資や運用に関する書籍がたくさんあります。しかし、それらの金融商品をじっくりと吟味し、何らかの運用を始めても、ゼロ金利状態が続く現在の日本で相応のリターンを出していくのは至難の業です。

ところが、富裕層はどうやら海外でいろいろなことをやっているらしい……と。実際、日本の著名な投資家や経営者はシンガポールのような海外で暮らし始めているし、タックスヘイブンに関する一連の報道でも、金持ちと思われる日本人の名前がリストに多数載っています。タックスヘイブンの場合は、合法的なケースも多いのですが、いずれにしてもやはりこのような疑問が膨らむのではないでしょうか。

「日本の富裕層は、はたしてどのように資産を運用しているのだろう」

「なぜ、日本ではなくて、海外なんだろう」

この本は、そういった方々の疑問に広く答えるための本なのです。

プライベートバンカーの運用法を公開します

私は、富裕層の資産運用、特に海外での運用のお手伝いを主な仕事としている独立系の「プライベートバンカー」です。日本とシンガポール、スイスなどを行き来しながら、富裕層と海外のプライベートバンクをつなぐ役割をしています（詳細は第1章でお話しします）。日本で名前の通った組織に属しているわけではありませんが、個人的には、むしろ私のような者こそがプライベートバンカーだと思っています。ノンフィクション作家である清武英利さんの著書『プライベートバンカー　カネ守《も》りと新富裕層』（講談社、2016年）にも実質的な主人公として実名で描かれていますが、自分で筆をとったのは本書が初となります。

私がなぜ、この本を書くことに決めたかは、本書の「おわりに」をご覧いただくとして、本書は以下の5章＋コラムという構成になっています。

第1章では、そもそも「プライベートバンカー」とは何か、という話をします。ここで申し上げるプライベートバンカーとは、「富裕層の資産を運用するプロフェッショナル」という、やや広い意味で使っています。

第2章では、本来、証券マンだった私がなぜプライベートバンカーになったのかについて語っています。いくつかの会社を渡り歩くことによってどんなスキルを手に入れ、どんなことを感じながら次のステップを歩むことにしたのかを描きました。それは同時に、私が冒頭で申し上げた「なぜ日本の金持ちは海外で資産を運用するのか」「どのように運用しているのか」「なぜ日本ではないのか」という質問にもお答えする形になっています。

続く第3章が本書の核です。具体的な資産運用法のプロである私の目からみた、もっとも高いリターンが得られる運用法をいくつかご紹介しています。私の計算では、だいたい5000万円の投資で年間10パーセント、約500万円のリターンが得られます。もちろん、特定の商品の勧誘本ではありませんので、リスクについてもきちんと説明しています。

第4章では、日本のお金持ちにはどんなタイプが多いのかを、私が接した方々の例を挙げながらお話しししています。プライバシーの問題があるので、お名前や具体的な職業は伏せていますが、どんな方が多いのかは参考になると思います。

第5章では、世界と日本の経済環境がどのようになるかを私なりに予測すると同時に、将来の資産運用・投資に向けてアドバイスや注意点を挙げています。今はまだまとまった資産はないけれども、これからしっかり増やしていきたいという方にも参考になるように、大まかな資産額別に簡単なアドバイスを行っています。

興味を持った章からお読みいただければと思います。

なお、対ドルなどのレートは執筆時点の円換算（２０１７年10月、１ＵＳドル＝１１５円）をもとに表記しています。また、金融の専門的な話は簡潔な文体のほうが読みやすいので、ここから先の本文は「です・ます」ではなく「だ・である」調にしています。ご了承ください。

目次

第1章　プライベートバンカーとは何か

商業銀行と投資銀行

一口に「銀行」とは言うが、そのビジネスモデルはひとつではない。

普通の銀行、つまり「商業銀行」のビジネスモデルについては、あまりくどくどと説明する必要はないだろう。富裕層から庶民まで幅広く預金を集めて、集めた資金を企業などに貸し付け、その利鞘《りざや》で稼ぐというものだ。三菱東京UFJ銀行や三井住友銀行、みずほ銀行などのメガバンク、地方銀行や信用金庫などはすべてこの商業銀行に含まれる。

これに対してゴールドマン・サックスやモルガン・スタンレーに代表される「投資銀行」は、企業から債券や株式の発行を引き受け、別の投資家に販売することで利益を挙げている。野村證券など日本の証券会社も実はこの一形態だ。アメリカで「バンカー」といえば、一般的には投資銀行の投資部門で働く人のことを意味するという。

米国では1933年に制定されたグラス・スティーガル法により、同一法人が投資銀行と商業銀行の業務を兼ねることが永らく禁止されていたが、1999年に規制の一部が緩和され、両者の垣根は曖昧《あいまい》になった。日本でも証券会社が銀行業務、銀行が証券業務を行うことはできなかったが、1996年の「金融ビッグバン」以降、形の上では一応解禁された。

富裕層に仕える「マネーの執事」

私は「プライベートバンカー」という仕事を10年以上、特に２０１３年以降の約４年間は、右に記したような金融機関に属することなく独立した立場で行っている。日本ではまだほとんどの人にとって馴染《なじ》みがないこの職業を日本語に直訳すると、「私人銀行家」ということになるだろう。

具体的に何をしているのかといえば、個人の富裕層をメインの顧客とし、その顧客にとって最も適した資産管理・資産保全・資産運用方法（ソリューション）を提案し、顧客が独力では得られない資産防衛と運用のためのインフラ・環境を手にしてもらう、という仕事だ。

またこの過程では、顧客から家族や健康上の問題など、ごく私的な相談を受けることもある。ある顧客にとって最も適切なソリューションを提供するには、その人の家族関係を最低でも親、子、孫の世代にわたって把握していなければいけないし、顧客自身がどういう人生を望んでいるかも深いレベルで知っていなければならない。単に金融知識に精通していれば勤まる、という仕事ではまったくない。

こうしたプライベートバンカーの仕事を一言で表現するなら、富裕層に仕える「マネーの執事」という言い方が何よりも適切だろう。

プライベートバンクの種類

ただし、一口にプライベートバンクと言っても、細かくみていくといくつかのタイプに分かれる。大まかに言うと次のような感じだ。

①伝統的プライベートバンク
②近代的プライベートバンク
③海外にある、日本人にも対応するプライベートバンク
④日本国内に店舗を構えるプライベートバンク

それぞれ順番にみていこう。

①伝統的プライベートバンク

もともとプライベートバンカーの始まりは、16世紀後半フランスで起きたカトリック対プロテスタントの宗教戦争（ユグノー戦争）にまで遡《さかのぼ》る。中世ではカトリックから迫害される側だったプロテスタント（ユグノー）の貴族たちが、戦争で金品を奪われたり、屋敷などの不動産を燃やされる事態に備えてスイスの資産管理人たちに自分たちの資産を預け、子孫の代まで守ってもらったことが起源だという。いわば、その末裔《まつえい》が伝統的プライベートバンカーである。

スイス・チューリッヒの中では最古となる1750年創業のラーン・アンド・ボドマーをはじめ、日本でもアセットマネジメント会社として進出しているピクテや信託会社として進出しているロンバー・オディエ・ダリエ・ヘンチといったプライベートバンクなどがこのカテゴリーに入る。ピクテは、1805年にジュネーブで創業した老舗《しにせ》プライベートバンクで、スイス・プライベートバンカーズ協会に所属する12行のうちの一行だ。

このような伝統的プライベートバンクは、伝統的に一任勘定運用（プライベートバンクにすべての運用を委託する方式。詳細は第3章を参照）のポートフォリオ・マネジメントに徹しているところが多く、どちらかというと「攻め」よりも「守り」の運用スタイルが多い。ただし、歴史の長さが示すように、資産保全が最重要項目である富裕層からは、信頼が厚く、古くからの顧客層は、こういった伝統的プライベートバンクを好む。特にヨーロッパの富裕層に多いが、日本人顧客もまれにいる。その中には、数百億円以上の単位で預けているケースもある。

また、守秘義務など倫理観がしっかりしており、子どもの教育相談など顧客の個人的な相談にものる、いわば〝執事〟に近い存在である。

②近代的プライベートバンク

ＵＢＳやクレディ・スイスなどが、このカテゴリーに該当する。もともとはスイスの伝統的プライベートバンクであったが、近年は金融システムのグローバル化に伴い、このような富裕層を対象に総合的な資産管理を行うサービスに変貌《へんぼう》を遂げている。逆に、富裕層ビジネスのチャンスや将来性を活かすべく、プライベートバンキング業務に参入してきた巨大銀行もある。

スイスのジュリアス・ベア、ＥＦＧ銀行、アメリカのモルガン・スタンレー、バンク・オブ・アメリカ、シティバンクやイギリスのバークレイズ、ドイツのドイツ銀行、カナダのロイヤル・バンク・オブ・カナダやオランダのＡＢＮアムロ、スペインのサンタンデール銀行、フランスのＢＮＰパリバ、ソシエテ・ジェネラル、そしてシンガポールでは、私が所属していたバンク・オブ・シンガポールやＤＢＳなどがある。

これらのうち、ＵＢＳ、クレディ・スイス、モルガン・スタンレー、バンク・オブ・アメリカ、シティバンク、ソシエテ・ジェネラルなどは、プライベートバンキング業務以外にも、投資銀行、Ｍ＆Ａやトレーディングなど、業務内容が多岐にわたっており、いわば百貨店のような存在だ。逆に専業でプライベートバンキング業務を行っているのが、ジュリアス・ベア、ＥＦＧ銀行、バンク・オブ・シンガポールである。バンク・オブ・シンガポールは、シンガポールの三大銀行のひとつであるOCBC銀行（華僑銀行）の子会社銀行として、プライベートバンキング業務を行っている。

③海外にある、日本人にも対応するプライベートバンク

②の近代的プライベートバンクの中でも、UBS、クレディ・スイス、BNPパリバ、ジュリアス・ベア、EFG銀行、DBS、バンク・オブ・シンガポールなどは日本人向けのデスクを配置するなど、日本人が比較的取引を行いやすい。メリルリンチも少し前まではロサンゼルスなどで、日本人にも対応するサービスを行っていたが、バンク・オブ・アメリカによる買収や母国アメリカでの金融取引基準のハードルが上がったことなどもあり、現在ではサービスを停止している。

④日本国内に店舗を構えるプライベートバンク

日本にある外資系銀行のプライベートバンクは、UBS、クレディ・スイス、三菱UFJモルガン・スタンレーPB証券（旧メリルリンチ）、ロンバー・オディエ・ダリエ・ヘンチなどである。国内の金融機関では、プライベートバンク部門という形で、三菱東京UFJ銀行、みずほ銀行、野村證券といった国内大手金融機関がプライベートバンキング業務

を行う。三井住友銀行では子会社のSMBC信託銀行がプライベートバンキング業務を行っている。

ただし、④の「日本国内に店舗を構えるプライベートバンク」は、資産運用手法やスキーム、提供できるサービスなど、海外のそれとは違って、どれもプライベートバンクと呼ぶには値しない、というのが私の考えである。なぜか。

広義の金融業務——銀行業務、証券業務、保険業務などすべてを兼営する、いわゆる「ユニバーサルバンク」の形態をとる海外のプライベートバンクとは異なり、日本にあるプライベートバンクは、日本の国内規制、つまり銀行・証券・保険・信託にてファイヤーウォールと呼ばれる規制があり、一義的には顧客情報を共有できないため、厳密には、包括的なワンストップサービスを行うことができない。これは外資系金融機関であっても国内で営業している以上は同様である。欧州、あるいは香港やシンガポールなど「金融立国」と呼ばれるような国では、ユニバーサルバンクの形態はごく一般的な存在である。

さらに言えば、日本の金融機関の場合はその独特の収益構造ゆえに、「顧客の忠実な執事」たることを求められるプライベートバンカーの職務と本質的に相容《あいい》れない面もある。というのも日本の金融機関の場合、海外の金融機関と比べて総じて販売手数料が高く、これが彼らの立ち上げたプライベートバンキング部門にもしっかり引き継がれてしまっているのだ。

海外金融機関が各種の金融商品を販売する際には0・25〜0・4％程度の手数料しか取らないのに対して、日本の金融機関は投資信託で通常3％、債券・仕組債（スワップやオプションなどの金融派生商品を組み込んだ債券）に至っては、3〜6％もの手数料を取っている。このことは両者が共通して扱っている債券の利回りを同時に比較すれば一目瞭然である。

しかも日本では、株式・投資信託に関しては金融機関側に手数料の明示義務が課せられているものの、債券・仕組債、また保険などの手数料については明示義務がなく、販売手数料が商品価格の中に取り込まれている。その結果、顧客の側からは自分が手数料を一体いくら取られているのかもきわめて見えにくくなってしまっている。海外金融機関の場合は、株式・投資信託に限らず、債券や仕組債でも手数料の明示が義務付けられており、このようなことはありえない。

この構図のもとで当然起こりうる問題は、顧客に頻繁に売り買いをしてもらうことでより多くの販売手数料を稼ぎたいというインセンティブ（誘因）が金融マン側に働いてしまう点だ。

バンカーたちは会社に儲《もう》けさせ、社内における自分の評価を高めるためにあの手この手で顧客に債券なり投資信託なりを買ってもらおうと働きかける。だが当然ながら、これらの売り買いが顧客にとって常に良い結果を生むわけではない。

一般にマーケットが好調な時期には、投信だろうと債券だろうと全ての価格は高騰するものだが、そのまま売り買いを続けていけば市況はどこかのタイミングで「高止まり」する。顧客が買い値以上の額では商品を売れず、塩漬けにせざるを得ない、という状況が必ずやってくる。そうなると結局は目先を変えるため、あるいは損切りのために安値で売るしかなくなるのだが、この顧客はこの間の売り買いの一回ごとに金融機関から販売手数料を徴収されているので資産を二重に削《そ》がれていることになる。これはバンカー側が手数料で儲けているのに、顧客だけが一方的に損をしているという、あまりにも歪《ゆが》んだ構図だ。

一方で、同じプライベートバンクとはいえ、欧州や香港、シンガポールなどの金融機関所属のプライベートバンカーたちの場合は、売り買いさせることで生じる手数料収入はごく僅《わず》かであるため、無理に売り買いさせることで儲けようとは考えない。

それでは手数料収入に代わる海外金融機関の主要な収益源は何かといえば、顧客から預かった資金の残高に対する年間管理費用である。一般的には「アカウント・マネジメント・フィー」や「カストディアン・フィー」などと呼ばれている。このフィーは、顧客から預かった資産が膨らめば膨らむほど大きくなる。

だからバンカーたちも、無理に売り買いを勧誘して顧客の資産を削ぐような愚かなことはせず、逆に顧客の資産を中長期的に増やすにはどうすればいいかを必然的に考えるようになる。リアロケーション（資産配分・比率の見直し）はマーケットの潮目が変わった時など本当にポートフォリオの見直しが必要な局面でだけすればよい、というわけだ。こういう構図がある以上、日本の金融機関と比べて、顧客とバンカーがＷｉｎ－Ｗｉｎの関係になりやすいのは当然なのだ。

プライベートバンカーの武器と誇り

先に述べたように、私たちプライベートバンカーの最も基本的な仕事は、顧客が自己の資産を防衛し、運用するためのソリューションをその顧客ごとに提供することにある。ただ、顧客たちは富裕層という共通項こそあれ、それぞれにまったく違った人生を辿《たど》ってきた異なる志向の持ち主たちだ。だからどのようなソリューションが最適かは、顧客によってかなり変わってくる。

こうした多様かつハイレベルな要求に応えていくには当然ながら質・量ともに豊富な引き出しを用意しておかなくてはならないのだが、それをプライベートバンカーたちが実現していくにはメガバンク系・外資投資銀行系の区分に関係なく「日本の会社」に所属している限りは限界がある。世界的に見ても複雑で規制の多い日本の金融ルールに、従わざるをえないからだ。

ところが、同じ金融機関の一部門であっても海外法人のプライベートバンクや、文字通りの私人銀行家である私にはその点で大きな強みがある。シンガポール・香港・スイス・モナコなどいくつもの金融大国に拠点を擁しているがゆえに、日本在住の顧客にルールに沿った形で海外のソリューションを提供できるのである。

これらの国には日本とは比較にならないほど高利回りの生命保険があり、大幅な節税を法に触れることなく行えるオフショア法人（127ページ「コラム2」に詳述）を設立することもできる。こうした武器を自由自在に駆使したソリューションを提案できるのだ。

私がプライベートバンカーとしての誇りを感じられるのも、こうしたスキームを通じて、顧客が現実にハイレベルな資産運用や防衛を実現してくれたときだ。

一口に「金融マン」といっても、ディーラーやトレーダーのほか、M&A、プライベート・エクイティ（非上場企業に対する投資）、融資の担当などその業務はきわめて細分化されている。しかし私はそのなかでもリテール（個人営業）担当、とりわけ富裕層を相手にした金融マンであることにこだわってきた。

これは私が自分のキャリアを野村證券からスタートした影響が大きいのだろうが、私にとっては富裕層の資産を高度なスキームで管理・運用することこそが、金融というビジネス分野における最高峰と思えたのだ。

私はこの山に登るため、野村證券につづいて三井住友銀行、フランスのソシエテ・ジェネラル信託銀行、バンク・オブ・シンガポール、イタリア銀行と所属先を変えながらキャリアを積み、そのたびに私を信頼してくれる顧客を開拓しては守ってきた。そして今では、富裕層に最も喜ばれるソリューションを提供すると同時に私自身もハッピーでいられる、理想的なビジネスモデルを構築できたと考えている。

残念なことに、日本では金融機関が自社の利益を確保したいがために顧客に損をさせてしまうスキームが未だに横行しているが、このようなビジネスモデルはいずれどこかで破《は》綻《たん》するだろう。関係者全員がＷｉｎ－Ｗｉｎの関係になるビジネスモデルでなければ、私にとって人生を捧げる意味はない。

これを私が具体的にはどのようなスキームで行っているかについては、第3章以降においおい述べていこうと思う。次の第2章ではまず、日本ではまだまだ珍しい存在であるプライベートバンカーにいかにして私がなり、富裕層の資産運用・管理を手掛けるようになったか、その経緯を紹介しておきたい。

コラム1　プライベートバンカーへの依頼方法

最初に注意しなければならないのは、〝金持ちのための銀行〟であるプライベートバンクで口座を開くには、当然ながら高額の預金・入金が必要となる点である。

第1章で触れた、いわゆる①②③に該当する海外のプライベートバンクでは、US100万ドル以上の最低預入金額によって口座開設を受けるところも多い。中にはUS1000万ドル以上の最低預入金額がなければ口座が開けないプライベートバンクもある。④の日本の「プライベートバンク」でも、三菱UFJモルガン・スタンレーPB証券やロンバー・オディエ・ダリエ・ヘンチで1億円以上、UBSで2億円以上、クレディ・スイスでは5億円以上とも言われるが、どこも明確なラインが設定されているわけではない。私のような立場のプライベートバンカーの場合などは、最低預入金額を低く設定することもできる。

では具体的にはどうやって申し込めばよいか。（プライベートバンクと呼べるかどうかは、ともかくとして）日本に支店がある④のプライベートバンクに申し込むのは簡単なので、ここでは主に、③に該当する、「日本人にも対応している海外のプライベートバンク」の話をしたい。

一見《いちげん》さんであれば、インターネットなどから直接アクセスし、取引をリクエストすることも可能だが（ここで語学力が求められるのは言うまでもない）、このようなアプローチはプライベートバンカーに警戒されるので（相手がどんな人物なのかわからないのだから当然だ）お勧めはできない。

プライベートバンカー側からみれば、もっとも信用できる取引開始の方法は、「紹介」である。既存顧客からの紹介というのが堅実だが、一部の税理士や弁護士など、富裕層を対象にビジネスを行う職業の人々、あるいは信用度の高い企業やそのオーナーからの紹介というのがもっとも信頼性の高い、確実な方法となる。当然ながらバンカーも好意的に扱ってくれる。

しかし、いくら信頼できる筋からの紹介であっても、預入金が低ければお話にならない。プライベートバンク側が求める預入金よりも低いとペナルティ・チャージを取られる場合もあるし、その状態が長く続けば、系列のローカルバンクのプレミアのような部署に移管されるケースもある。

やはり、本物の、いわゆる海外のプライベートバンクと取引を行うにあたっては、ある程度彼らの規準やルールについて知っておく必要があるし、そうでないと最初から話がかみ合わないことになる。

重要な点がもう一つある。日本では、海外のバンカーが積極的に日本国内で勧誘する行為が禁じられている。つまり、依頼を受けたからといって、日本の銀行のように、すぐに取引が始まるという形にはまずならない。昨今では、金額のハードルもさることながら口座開設に3ヵ月以上かかるプライベートバンクもある。

海外のプライベートバンクと付き合うにはかなり高いハードルがあるのだ。

第2章　私がプライベートバンカーになるまで

野村證券は「プライベートバンカー養成学校」

私は静岡大学を卒業した1992年、野村證券に新卒社員として入社した。少なくとも私がいた当時、野村には他の証券会社とは明らかに違う点があった。リテールの新規客を開拓するにあたって、企業オーナーや医者などの富裕層以外は歯牙にもかけなかったのだ。もちろん他の証券会社も個人富裕層を狙って飛び込み営業をかけていることはいるのだが、野村の場合は徹底した大物一本釣り狙いなのである。

だから私も、富裕層の「匂い」をかぎ分け見つけ出すことに関してはこれが第二の習性になるほど厳しい訓練を受けたし、その具体的な方法も嫌というほど教えられた。

一例を挙げれば、野村の新人営業マンは配属先の町を歩いていて工務店を見つけた時は「狙い目」と考えるように叩き込まれていた。というのも工務店のばあい、形式上は法人化されていても実質的には社長の個人商店であることが多いため、「会社のカネ」と「社長のカネ」にあまり明確な区別がなく、会社の資金を株などの投資にまわすことも比較的容易だからだ。

また飛び込み営業をする時は、雑居ビルの1階郵便ポストを必ず見ろ、とも教えられていた。その際に仮にビルの名前が「ヨコヤマビル」で、一番上の階のポストが横山姓だったとすれば、この横山さんは十中八九ビルの所有者であり、訪問する価値のある資産家である可能性も高い、というわけだ。

あるいは地方の住宅地や農村においても、「その地域に『会田』など比較的珍しい姓の家がたくさんあるなら、『会田さん』という名前の人がその地域の古くからの大地主であると考えてまず間違いない。だから周辺一帯の会田姓の家にはしらみつぶしに営業をかけろ！」といった指導も受けていた。そうした、カネを持っている人を探り当てるための具体的なノウハウの数々が、野村ではいつの時代も先輩から後輩へと伝承され、蓄積されているのである。

もし私が銀行からキャリアをスタートしていたら、今頃はまったく違うスキルを身につけていたのかもしれない。だが野村に入社してこうした教育を受けたおかげで、どういう人がお金を持っているのか察知する力に必然的に長《た》けることになった。

思えば、このように鍛えられることによって、私は将来プライベートバンカーになるための教育を知らず知らずのうちに受けていたことになる。

プライベートバンカーの仕事の一歩目は、富裕層の資産を運用させてもらうために富裕層の懐に入り、顧客になってもらうことにある。その意味で野村證券はプライベートバンカーの養成学校であり、野村の営業マンはプライベートバンカーの見習いであったという言い方もできるのだ。

「説得力」と「共感」

私が野村時代に身につけ、いまプライベートバンカーとしてやっていく上で大いに役立っているスキルはこの「嗅覚」のほかにもある。

外資系金融機関の場合、新しくお客さんをみつけて関係を構築する通称RM（リレーションシップマネージャー）と、運用を担当するファンドマネージャー（FM）というぐあいに富裕層向けの業務が二つに大別されている。RMはどれだけお客さんを開拓し親しくなっても、実際に預かった資産を運用するにあたっては、社内の別の人間を紹介するというやり方が多い。

対照的に野村證券の場合は、この二つを一人の営業マンがこなすのが常識となっていた。だから自分の営業活動の結果、仲良くなった顧客から「じゃあ、どの銘柄がいいの？」と尋ねられた際にも、自分なりの提案を説得力のある話し方でできなければ話にならなかった。そしてこの二つを同時にできる能力は、真のプライベートバンカーとしてやっていく上での必須条件でもあるのだ。

私自身も野村時代、それまで単なる世間話をしていた顧客から、唐突に「ところで、利上げはどう？」などと聞かれることが間々あった。このように投資とはまったく関係ない雑談をしていたり一緒に飲み歩いているときでさえ、こちらの不意を突くかのようなタイミングで唐突に「本題」について尋ねてくるのは、投資に慣れている富裕層にはよくあることでもある。だがそれは、この人たちがこちら側をある程度信頼してくれていたり、好感をもってくれていることの証でもある。だからそういうシチュエーションで的確な答えができなかったり、自分なりに自信をもって説明できなければ、その顧客との関係もそこで終わり、ということにもなりかねない。

もちろん、こうした不意の問いかけに当意即妙の返答をするには最低限マーケットの状況を常時把握しておく必要があるし、その答えにしても自分なりの根拠に基づいたものでなければいけない。

たとえば「利上げあると思う？」という質問に対して、単にマーケット分析に基づいて「ありそうですね」「なさそうです」と答えて終わってしまうのは未熟な証券マンだ。「あると思います。それも年内に2回」など、明確な数字を挙げるべきだし、マーケットについても、その日の日経平均株価の終値くらいは1銭単位で言えなければいけない。歴史的に重要な意味を持つ過去の株価などは、「80年代後半の高かった頃」といった曖昧な言い方をしていてはダメだ。「日経平均株価の史上最高値（終値）は1989年12月29日の

3万8915円87銭」くらいのことまでは言えなければいけない。

歴史を通じて語るのは、富裕層には高齢者が多いだけに説得力がある。高度成長期やバブル期を彩る経済史のエポック（オイルショックやNTT株の上場など）について半可通でない知識を交えて語ることができれば、それらを身をもって経験している富裕層の人たちに自分と近い肌感覚で話せているという実感をもってもらうことができ、共感につながっていくからだ。

私はこうしたこともすべて野村證券で教わった。私は20代で野村證券のトップセールスになったが、それができたのも、「説得力のある話をしろ」「共感をもたれる話し方をしろ」という先輩からの教えを忠実に守り、自分なりに発展させられたからだと思っている。

富裕層の「懐に入る」

野村證券的営業にあっては、営業の極意は顧客の「懐に入る」ことであるとされていた。

私が最初に配属された支店には、この点に関してとてつもない力をもつ先輩たちがいた。そこには当時最年少30歳の課長と、同じく最年少33歳の支店長がおり、彼ら二人でこの支店を全国でもトップクラスに押し上げていた。私もこの二人からは、随分と多くのことを教わった。

とりわけ彼らの凄《すご》みを感じたのは、その電話営業を目《ま》の当たりにしたときだ。一般的に野村證券の営業マンといえば「イケイケ」で、電話でも「さあ、買いましょう！」とひたすら押しの営業をしてくるイメージだろう。ところがその課長の営業電話といえば、隣の席にいても聞こえてこないくらいの小さな声でにこやかに「談笑」しているだけなのに、話が終わり課長が受話器を置いたかと思うと、ホワイトボードにサラッと「30万株（ご購入）」などと書いてしまうのである。こうした巧みな営業を、野村の社員はよく「懐に入るのがうまい」と表現するのだが、課長が顧客の懐に入り込んでいく際の絶妙な間合いたるや、まさに魔術を見せられているかのようだった。

ところがこの「魔術」も、のちに私が観察したところでは、意外なほど小さなことの積み重ねによって成り立っていた。たとえば課長は初対面の、名刺を貰ったばかりの相手に「ミズノさんは……」と話しかけたかと思うと、次のタイミングでは「社長が今までされてきた通り」など、わざと呼び方を変えて話しかけるということをよくやっていた。

「社長」と一定の距離を置く方が心地よい人もいれば、フレンドリーに「ミズノさん」と呼ばれた方が喜んでくれる人もいる。だから課長は、初対面である顧客がそのどちらのタイプなのか、呼び方に対する反応を見ながら嗅覚をフル回転して、その人との距離感を測っていたのだ。

それを足がかりとして人間関係を徐々に濃いものにし、顧客の懐のさらに深いところ、深いところと入り込んでいくわけだが、ここまで来るともうテクニックどうこうではないし、顧客から食事に誘われたらどんなに体がきつかろうと断ることはできない。私自身、保有資産約300億円という顧客と知り合ったときは夕食から付き合って気がついたら翌朝の7時まで飲み歩いていた、ということがある。だがこういう場合は、その人と飲むことが「仕事になるか、ならないか」などという打算は頭から完全に取り除くことにしている。「ビジネスを抜きにした一対一の人間同士の付き合いだ」と心に刻み、ひたすら酒を楽しむことを心がける姿勢なくして「懐に入る」のは不可能だからだ。

こうした、顧客の懐に入ることで強固な信頼関係を構築する姿勢を自分の血肉にまでできたことは、野村證券を退社し、プライベートバンカーとなった今も非常に役立っている。

その一方で野村の先輩たちからは、営業は前のめりになりすぎてもダメだ、ということも教えられた。たとえば、あるプランを顧客に奨《すす》めた翌日すぐに電話し「あの話、考えてもらえましたか?」などとグイグイ押すと逆に相手の心を醒《さ》ましてしまうことがある。だが逆に頃合いを見計らって手紙（今だったらメールでも）で打診してみると、意外なほどすんなり申し込んでくれたりする。

相手の琴線に触れる、共感をもたれるということは、金融に限らずあらゆるビジネス分野に共通する営業の極意であろうが、その点手紙を書くことは、その人のもっている価値観の琴線に触れ、共感を手繰り寄せていく作業が電話などと比べてずっとやりやすい。だから野村證券では、顧客へのお礼状を巻紙に筆字で書くのが通例である。

顧客との共感を相互理解につなげて相手の「懐に入る」ことができ、提案するプランがすぐれていて、なおかつ説得力のある説明ができるのであれば、その人は営業マンとしてどの業界でも活躍できるだろうし、この資質はプライベートバンカーとして世界で戦っていく上でも大いに武器にできる。

というのも、こうした「義理と人情」「共感」をベースにした顧客との付き合いは、一見日本人的すぎて海外では通じなさそうに見える割に、実はグローバル的に見ても意外なほど重宝されるし、できる人の絶対数となるとごく少ないからだ。

野村證券の限界

先輩からの教育は本当に厳しいもので、辛《つら》いことも多かった野村時代ではあったが、今振り返れば、プライベートバンカーとしての私の土台のようなものがこの時期に形作られていたことは間違いない。私にとっての野村は、まさにプライベートバンカー養成学校であった。

だが私は、いずれ野村を去ることを決めていた。

私が野村に入社した92年といえば、野村が大口の法人顧客との間で特約を結び、巨額の損失補塡《ほてん》をしていたことが明るみに出て大蔵省の特別捜査を受けた翌年だった。この事件が社会に与えた衝撃は大きく、事件を機に証券取引法が改正され、業界の長年の宿痾《しゅくあ》であった損失補償には罰則が設けられた。証券各社は不正の温床になっていたノルマ営業を自粛すると発表した。

だが実際にはその後もノルマ営業はまかり通っており、会社が指示する銘柄を、顧客の利益とは無関係に強引に売りつけるタイプの営業は全社的に続いていた。そうしたなか、96年には会社が総会屋に利益供与していた事実が発覚し、翌年5月には元社長らが一斉に逮捕された。毎日のハードな営業を続けて必死にノルマをこなしていたのに、結局顧客を裏切っていたのかと思うと幻滅しか感じなかった。

そもそも証券会社の個人営業は、「誰に売るか」は己の才覚しだいで変えられるが、「何を売るか」までは選べない。「社長、今日はトヨタ（の株）を買いませんか？　日立も行けそうですよ」と売り口上を述べはするが、それらの銘柄は会社がトヨタや日立から発行を引き受け、営業マンに「売れ」と命じているから売るのであり、これを買ったお客さんにとって本当に得になるかどうかはわからない。

野村も含め、近年の証券会社は顧客の資産運用を総合的にアドバイスするコンサルタント業務に力を入れており、かつてのような悪しき体質は払拭《ふっしょく》されたと盛んにアピールしている。だが、野村のような大手証券会社にとって、大企業からの株の引き受けが重要な収益源であることは今も変わっていない。この構図がある以上、本当の意味での「顧客本位の営業」はなかなか難しいのではないかと私は思っている。

狩猟民族と農耕民族

野村證券で学べるだけのスキルを身につけたと確信した私は、メガバンクの一角である三井住友銀行に転職した。2005年のことである。

三井住友銀行での仕事内容はまさにバンカーというもので、融資もやれば、野村でやっていたように預金1億円以上から数百億円の富裕層顧客の資産運用を担当してもいた。

ただ私が証券マンから銀行員に転身してみてつくづく思ったのは、銀行の仕事がいかに証券に比べて「ラク」か、ということだった。

証券会社は顧客から引っ張ってきた資金を運用し、その手数料収入で食っているため、証券マンはいかに大きい金額を引っ張ってきたかが、きわめて重要な評価になる。顧客の資金を「狩りに行く」ことが最初から前提になっている仕事であり、新規の顧客を開拓し、懐に潜り込み説得し、最終的にどれほど大きい金額を任せてもらったか（巨額の運用を実現させたか）が大きな成果となる。だから訪問先で「オマエ、また来たのか。とっとと帰れ！」と罵《ののし》られようと毎日狩りには出なければいけないし、狩りに出ても失敗すればその日の収穫はゼロになってしまう。当然ながら、他の狩人との獲物の奪い合いもある。言ってみれば、証券マンとは狩猟民族なのだ。

だが銀行員の仕事はこれとはまったく違う。企業という畑に融資という名の種まきをし、その会社が大きく成長したところで実りを得ることをメインの仕事としている彼らは、いわば農耕民族なのだ。顧客に融資している限り、マーケットが閉じている土日でも金利収入を得ることができるというのも、マーケットから日々獲物を獲《と》ってこなければ食い詰めてしまう証券マンから見れば羨ましい点だ。

もちろん、１９９６年の「金融ビッグバン」以降は銀行も投資信託や保険などを扱えるようになったのだが、そうはいっても銀行のメイン業務が融資であることに変わりはなく、基盤となる顧客層も十分に抱えこんでいる。だから多くの場合銀行員には、顧客もマーケットも、あらゆるチャンスは奪い合いなのだという意識がない。

ただこうしたメンタリティ以外の部分を見ると、銀行が証券会社に対してもっている確実な強みも存在する。

それは、顧客のもっている資金の全貌をかなりの程度正確に把握できるということだ。証券会社が、ある顧客に「1億入れてくれませんか」と頼んだとしよう。だが、その顧客から「そんなカネないよ」と言われてしまえば、それ以上食い下がることはそうそうできない。顧客の口座に本当に1億円の資金がないのか、それとも本当はあるのか、証券会社には把握しようがないからだ。

その点銀行の場合、自行に口座を開設してもらいさえすれば、その全預かり資産額を調べることは容易にできる。定期預金を投資信託にまわしてもらうときも、書面に署名捺印をしてもらうだけで預金から投資信託の買い付けができるから、いちいち他の金融機関から購入資金を導入する必要がない。これはアドバンテージとして絶対だ。

これほどの条件に恵まれているがゆえに、銀行員時代に見た同僚たちの仕事ぶりが全体的に「おっとりしている」との印象はどうしても拭《ぬぐ》えなかった。プライベートバンカーには銀行出身者もそれなりにいるのだが、彼らよりも証券出身者の方がたくましく生き残っているケースが多いのは、決して偶然ではないと私は思っている。

外資系銀行への転戦

とはいえ三井住友銀行時代の経験も私のキャリアにとっては非常に有益なものになっ

た。三井住友に口座をもっている富裕層は非常に多かったし、その中から野村證券にいたときには知り合うことができなかった顧客層と知り合うことができたからだ。私自身、せっかく信頼してもらいやすい環境にいるのだからとその環境をフルに利用し、積極的に顧客に提案していった。

「せっかくの資金です。ただ預金しているだけではあまりに勿体無《もったいな》いのではないですか？今の環境でしたら、このような投資をしておくのも悪くないと思いますが」などと提案すると、「こんなふうに提案をしてくれた担当営業の人は初めてだ」と感心してくださる方もいた。

野村時代には会社から言われるがまま株や投資信託を売ってきた私にとって、これはとても大きな経験だった。自分の創意工夫や努力によって顧客の資産を増やしてあげることがこれほど大きな喜びになるものかと驚いたし、自分という人間が、そのためであれば更に何倍もの努力ができる人間であると自覚したのである。

三井住友銀行時代は、私が自分の中にプライベートバンカーの資質があると気付いた最初の時期だった。それまでにも「プライベートバンカー」という職種があることを知識としては知っていたが、顧客に仕え、貢献するやりがいを知ったことで、これこそが自分にとっての天職なのではないか、と徐々に思うようになっていった。

しかし、本当にプライベートバンカーを目指すのであれば、三井住友銀行は明らかに不向きな職場でもあった。三井住友も所詮《しょせん》はメガバンクであるだけにメインの業務はあくまで法人への融資であり、リテールにはあまり力を入れていなかったからである。

日本国内でプライベートバンカーとして働ける職場はないか――そう考え始めていた私のところに、ある情報が飛び込んできた。フランスではBNPパリバに次ぐメガバンク「ソシエテ・ジェネラル」の完全子会社で、当時日本でもプライベートバンキング業務を行っていたソシエテ・ジェネラル信託銀行、そこで働かないかという話がヘッドハンターを通じて私のもとにもたらされた。この話を受ける形で、私は２００７年に転職した。

「手の内に入る」

意気揚々と飛び込んでみた外国銀行の世界は、日本の銀行とも、証券会社とも全く違う論理で動いていた。

ソシエテ・ジェネラルでは口座を開設する基準が１億円以上だった。これに該当する人を、三井住友銀行で担当した顧客のなかからピックアップし、ソシエテ・ジェネラルに引っ張ってくることから、私のプライベートバンカーとしての歩みは始まった。

私が三井住友銀行でマネージしていたのは金額で言えば約６５０億円、顧客の人数で言えば850人くらいだったが、「1億円以上」の預金を持っている顧客となると150人程度に絞られた。その中の約15人が、私の入社とほぼ同時に預金をソシエテ・ジェネラルに移し替えてくれ、合計で35億円ほど引っ張ってくることに成功したのである。

もっとも、狩猟民族出身の私にとってはごく当たり前のものだったこの「獲るも獲られるも実力のうち」という感覚が、古巣である銀行にはなかった。そのため転職してしばらくしたタイミングで、「これ以上、顧客を抜いたら訴える」という内容証明が、銀行の顧問を務める大物弁護士9人の連名で送られてきた。

これを見た瞬間はさすがに「やれやれ」と思わなくもなかったが、内容証明をソシエテ・ジェネラルの法務部に持っていくとそこはさすがに慣れたもので、「これ以上は、あまりあからさまにやらないようにした方がいいですね」とひとこと言われておしまいだった。彼らにすれば、そもそも顧客を引き抜いてもらいたくて私を採用しているのだから、こうしたことも当然想定内というわけだ。

私の側も、自分の顧客を退職後に三井住友銀行に囲い込まれる事態は当然想定していたので、三井住友を辞めると決めてから退職までの間に、顧客を回って十分な根回しは済ませていた。

「間もなく外国資本の銀行に移ることになったのですが、これで三井住友ではできなかったような投資ができるようになります。だから私が退職するのと同時に銀行から資金をこちらに移してください」とお願いしておき、実際に私が退職した瞬間に投資信託や定期預金を一気に解約して、そのままソシエテ・ジェネラルに送金してもらったのである。これをやるために出金伝票も事前に書いてもらっておき、文字通り「一瞬のうちに」資金を移動してもらった。

三井住友銀行の富裕層顧客というのはいわゆる伝統的金持ちが多いので、保守的な志向の人も多い。それでも最終的に35人ほどの顧客が私の提案に乗ってくれ、中には一度に15億円もの資金を移動してくれた方もいた。ソシエテ・ジェネラルがフランスのメジャーバンクであるという安心感もあってのことなのは当然だが、私が三井住友在職中、少しでも資産を増やせるよう顧客にこまめに情報を伝え、様々な提案をしたことも影響していたように思う。

日本の銀行員は総じておっとりしているし、なおかつ異動が多いこともあって、顧客の資産を長い期間にわたり責任を持って預かるという文化がない。そういう担当者ばかりが続いていたところに私がやってきて様々な提案をし、実際にそれによって短期間で資産を増やす経験をしたことから、「杉山についていってやろう」と思ってくださったのだろう。

こういう状況を、野村證券の社内用語では「手の内に入る」と表現していた。所属する証券会社や銀行ではなく、営業担当者個人に顧客がついてくるようになることを指す言葉である。

こうなれば、こちらの提案ほぼそのとおりに資金を任せてもらったわけで、富裕層を対象としたリテール業務としては理想的な状態まで持っていけたことになる。同時に、その顧客の資産に自分が責任を負うことにもなるので精神的負担もきわめて大きい。日本の銀行員には、「そこまでしたくない」という人がきっと多いのではないだろうか。

国内スキームの限界

もちろん私の場合は、1億円以上の資産を持つ顧客の多くがソシエテ・ジェネラルに移してくれたことで、プライベートバンカーにしか味わえないやりがいをさらに再確認することができた。

ただここでも私は、自分を縛り付ける「ある大きな限界」に気づかないわけにはいかなかった。

いくら外国銀行とはいえ、その日本支店である以上は日本の金融規制には従わざるを得ず、そのせいでできることがどうしても限られてしまうのだ。第3章で詳述する、海外保険会社を利用するスキームなどは一切使えないのである。

「せっかくこれほどの優良な顧客がいて、十分な資金を集めることができているのに、外資系でもこんなに不自由なのか……」。次なるステップを踏む段階に自分が来ている、と気づいた瞬間だった。

当時の私は毎日のようにそうしたフラストレーションを感じ、忸怩《じくじ》たる思いに因《とら》われていた。このフラストレーションは、UBSに行こうがクレディ・スイスに行こうが、日本でプライベートバンカーとして仕事する以上はどこに行っても付きまとってくるものなのである。

さらにはこの時期、世界的な金融危機が立て続けに起きたことも私を苦しい立場に置いた。2007年8月のパリバ・ショックと、その翌年08年9月のリーマン・ショックまでの期間に何度かの前兆的な危機が発生したことで、ソシエテ・ジェネラルの保有する円と米ドルの定期金利がゼロになってしまったのだ。

これの何がまずいかと言えば、ソシエテ・ジェネラルの預金口座にいくらお客さんのお金を集めても利息が付かないということだ。

ソシエテ・ジェネラルのような信託銀行は信託報酬と呼ばれる年間管理手数料を基本的な収入源としているので、顧客が資金を運用してくれないことには収益を出すことができない。しかし金融市場の冷え込みに加えて日本の金融規制に縛られた状況にあっては顧客に損をさせずに済む運用先などそうそう見つかるはずもなく、とりあえずは預金として置いてもらう以外の道はない。

私の顧客は、三井住友銀行から移ってもらった「日本の伝統的金持ち」であるだけに、「あまり頻繁に運用に回すよりは預金で置いておきたい」という人が少なくなかった。しかしそうした顧客にソシエテ・ジェネラルの口座に置いておいてもらったところで、低金利の日本の銀行以下（というよりゼロ）の価値しか生まない状態に陥ってしまったのである。

そうした苦しい思いをしていた私のところに、ある日ヘッドハンターを通じて、野村の某先輩たちに関する興味深い話が飛び込んできた。ヘッドハンターが言うには、その先輩たちはシンガポールや香港など海外を拠点にプライベートバンカーとして活躍しており、生命保険を活用したり、オフショア法人をつくるなど日本では決して出来ないスキームを駆使することで、日本とは比べ物にならない規模の運用をしているという。実際にその先輩たちにコンタクトを取り、直《じか》に話を聞いてみれば海外銀行での業務は想像していた以上に魅力的であり、私は夢中になった。「そろそろ俺も海外に出たい。そういうスキームを駆使して、今までとは比べ物にならない規模の運用をやってみたい」という気持ちが俄然《がぜん》持ちあがってきた。

何よりシンガポールや香港であれば、今自分がコミットしている顧客にも納得してもらえる提案ができる——そう考えれば、日本を飛び出そうという決意はもはや揺るがなかった。

外資系銀行「弱肉強食」の掟

私が日本でプライベートバンカーとして仕事をしていくことに限界を感じていた理由は、実はもうひとつある。

これは私がソシエテ・ジェネラルを辞めた２０１０年よりも後の話になるのだが、２０１３年９月、同社はプライベートバンク部門をけっきょく三井住友銀行に売却してしまうのだ。日本の金融庁が設ける厳しいルールのもとではやれることも限られ、資金を集めるのも簡単ではない、と首脳陣が判断しての結論で、同じ理由で、ＨＳＢＣも日本から撤退している。

第１章でも少し触れたが、本書を執筆している２０１７年10月現在も日本国内でプライベートバンキングを行っている外資系銀行となると、ＵＢＳとクレディ・スイス、三菱ＵＦＪモルガン・スタンレーＰＢ証券（旧メリルリンチ）、ロンバー・オディエぐらいしか存在しないはずである。

とりわけリーマン・ショックの直後は、新規顧客や資金をますます集めにくくなっており、外資系銀行各行では、熾烈《しれつ》な人員整理が進められていた。

野村證券は営業成績に対してはとにかく厳しく、成績が悪い社員に対しては罵声《ばせい》と一緒に「会社四季報」が飛んでくるような職場だったが、反面家族的で成績がどれほど悪くてもクビにはならないし、異動になれば、「よかったな、次のところでまた頑張れよ」と周りが励ましてくれるような雰囲気もあった。

だが外資系銀行ではそんなことはありえない。部署が業績不振に陥り本国から2名の削減を求められたとすれば、その時点での下位2名に対して、「本レター交付日から3ヵ月以内に新規預金を50億、手数料5000万円を実現できない場合、その3ヵ月後に貴殿を解雇する」という趣旨の一枚のレターが、機械的に渡されるだけである。

なかにはその目標をどうにかしようとする人間もいるが、ここに書かれた目標値はそのときの状況で実現するのはおよそ無理、という数字であることがほとんどだ。なので、多くは在職中の銀行の名前が使えるうちに転職活動をして次を見つけることになるのだが、転職が成功するかどうかのポイントは、自分の今の顧客をどれだけ転職先に引っ張ってくると約束するかにかかっている。約束通り引っ張ってくることができなかった場合は次の職場でもあっさり解雇され、次の再転職先では待遇面で妥協せざるをえなくなる。この悪循環で次第に給料の安い格下の会社にしか行けなくなり、転職するたびに苦しさが増していくわけだ。

一方で、よりメジャーな銀行に転職できたとしても年収ベースでせいぜい数百万円程度のアップにしかならない（ボーナスは除く）反面、銀行内での生存競争がさらに熾烈になるので、そのくらいの給料アップではどうにも割に合わないところがある。

外資系銀行でどんどん自分の預かり資金を増やしていけるのがどんな人間かというと、一言で言えば、他人が持っていたものを「奪う」ことに躊躇《ちゅうちょ》しない人間だ。こういう手合いは、本気で奪うならば競争して奪うのではなく、ライバルが辞めざるをえない立場に追い込み、その人が置いていく資金と顧客をまるまる引き継ぐやり方がいちばん効率がいい、ということもよく知っている。

たとえばある外資系銀行のプライベートバンキング部門に、預かり資産を１００億円持っているバンカーがいるとしよう。普通ならば１００億の資金を管理していれば会社での立場は安泰のはずだが、そこに他の銀行からやってきた上司が彼に様々なえげつない嫌がらせをして追い出そうとするわけである。他人の不幸は自分の幸せ。虎視《こし》眈々《たんたん》と誰かが辞めるのを待つ。エリート・プライベートバンカーといっても、一皮剝《む》けばこんな低俗な人生観を持っていたりするのだ。

また銀行側もこうした生存競争を歓迎しているフシがある。１００億を預かっている社員が辞めればその預金の大半はそのまま銀行に残り、新規顧客を開拓しなくても大きな資金を手に入れることができるからだ。もちろん辞めるほうのバンカーも、１００億のうちなるべく多くを次の銀行に持っていこうとするが、今いる銀行がメジャーであればあるほど顧客も預金を動かしたがらない。こうして結果的に6〜7割の顧客・預金は銀行が手に入れる一方で、代わりの人材をヘッドハンティングしてくれればその新人も古巣の顧客と預金を何割かは持ってきてくれると期待できる。だから銀行にとって社員が生存競争に敗れて入れ替わるのは、決して悪い話ではないというわけだ。

金融大国シンガポールの魅力

金融業界広しといえども、プライベートバンカーとして超一流と認められている人は、日本国内ではせいぜい数名しかいないだろう。

こうしたトップ・オブ・トップを僅かな例外とすれば、プライベートバンカーたちの大半は、自分の年収をたかだか数百万アップさせるため、小さなパイの奪い合いにしのぎを削るだけである。当時の私には、国内に居続ける限りプライベートバンカーとしての新しいステージに上がっていくのは困難であり、トップ・オブ・トップには永久に仲間入りできないだろうという実感があった。ソシエテ・ジェネラルから転職してよりメジャーな銀行に移ったところで、日本に居る限りは基本的には同じことの繰り返しだからだ。

また日本人は「きれいな履歴書」にこだわる傾向があるが、私自身は野村證券、三井住友銀行、ソシエテ・ジェネラルと働いてきたことで、経歴を飾るための「箔」はもはや十分だと感じていた。より名門の外資系銀行に移ってさらなる箔付けをするよりは、プライベートバンカーとしてのステージを押し上げることのほうが当時の私にとって魅力的だったのだ。

そのためのステージとして、私はシンガポールを選んだ。21世紀に入って急速な経済発展を遂げたＡＳＥＡＮ《アセアン》諸国の中でも、アジアの金融センターと呼ばれるまでになったシンガポールは、日本の富裕層を惹き付けてやまない国だ。相続税・贈与税に加えて、インカム・キャピタルゲインに対する課税もなく、法人税・所得税も安く、住民税はない。したがってシンガポールの永住権を取得し、居住すれば、富裕層であればあるほど莫大なメリットを享《う》けられる。

そもそもシンガポールという国は、１人当たりＧＤＰは２００７年の時点ですでに日本を追い抜いているし、６世帯に１世帯は資産１００万米ドル以上を保有しており、これは世界一だ。一般の日本人の想像を超えて豊かな国であり、そうであるがゆえに、ここにしかない様々な魅力を持つ国なのである。

リーマン・ショックで足止め

ただ、私のシンガポール行きは最初に考えていたほどスムーズには行かなかった。海外に出る覚悟が固まり、いよいよ実行に移そうとしていた2008年9月というタイミングで、あのリーマン・ショックが起こってしまったからである。

当時の私といえば、ちょうどシンガポールにあるオランダのING（現バンク・オブ・シンガポール。2009年、リーマン・ショックに伴いオランダ政府から注入された公的資金返済のためINGからOCBC銀行に売却された。その後OCBC銀行がプライベートバンク専業の子会社として2010年にバンク・オブ・シンガポールを設立し現在に至っている）からのオファーレターをもらったところだったが、リーマン・ショックによってマーケットの様相はすっかり変わってしまっていた。自分が抱えている顧客もかなりの打撃を受け、3割から4割も資産を減らしてガタガタの状態に陥っていたのだ。私が今からシンガポールに行くと言っても、顧客は「こんな時にシンガポール？」と訝《いぶか》しく思うだけだろうし、ここはひとまず取りやめるのが得策だと考えた。

顧客には、「考えがあります。今はひとまず我慢してください」と伝え、資産を移さずキープする状態を1年ぐらい続けてもらったのである。

そうするうちにリーマン・ショックで荒廃した相場も戻ってきて、顧客の資産もある程度は回復していった。とはいえ定期預金金利は相変わらずゼロであったし、解約しようとしたヘッジファンドが資産凍結で売却できない期間が1年半にも及んだこともあって、この間は債券など小手先の運用しかできなかった。

その間に私はシンガポールでの保険やレバレッジを効かせた運用のスキームを理解することに努め、相場が戻ってきた2009年末から2010年年明けにはおおよそ理解できていた。そのタイミングでようやくバンク・オブ・シンガポール（BOS）に行く決心も固まったため、三井住友銀行からソシエテ・ジェネラルに移った時と同じように、なぜシンガポールに行く必要があるのか顧客に説明して回ることにした。

「現状では定期預金に預けても利息ゼロで何もできません。低金利は今後も続きそうですし、他に魅力的な商品はほとんどありません。もうソシエテ・ジェネラル、いや日本でやれることはなくなりました。しかしシンガポールでならばより優れたスキームやソリューションが提供できます。私はシンガポールに行きます」

こうして説明すると、私と付き合いの長い顧客は皆、次なる舞台となるバンク・オブ・シンガポール（BOS）に資産を移す段取りを進めてくれた。これらの顧客は私との付き合いを通じて基本的に資産運用が増加してきた経験を持っている人たちだからだ。だから私が行こうとしている国にならば必ず新しいプロダクトがあり、付いていく価値があるとも信じてくれた。

シンガポール永住権の高いハードル

ソシエテ・ジェネラルを2010年2月に退職した私は、シンガポールでの就労ビザが発行されるのを待ち、同年5月2日に日本を発《た》った。シンガポールに到着した時には日付が変わり5月3日になっていた。

以下は、いささか余談めいた話になるが、シンガポールでは年収に応じて発行されるビザが変わる。またシンガポールで職を失《な》くすと、原則として失職日から1ヵ月以内に次の就職先を見つけるか、あるいは永住権（PR）を取得していない限りは国外退去しなければならない。厄介なのはこの永住権を取得するための基準が明かされていないということだ。

基本的にはこれまでシンガポールで払った税金が多い人や高学歴の人など、将来的にシンガポールに貢献すると期待できる人が取得できているように思われるが、5年以上シンガポール国立大学で准教授として働いているインド人が取れていないのに、プライベートバンクに3年勤務しただけの日本人であるこの私が、現に取れていたりもする。

シンガポール金融管理局（MAS）は、2004年からFIS（投資家スキーム）という制度を設け、2000万シンガポールドル（約16億円）以上の個人資産を持つ投資家に対しては、シンガポールのプライベートバンクに500万シンガポールドル（約4億円）を預金（投資）するのと引き換えに永住権を発行していた。この条件は2011年1月以降、一気に1000万シンガポールドル（約8億円）へ引き上げられたのだが、これは中国本土からの永住権取得希望者があまりにも多かったためだ。だが金額を倍に引き上げても応募者は減らず、その中国人投資家たちが不動産を〝爆買い〟し不動産価格が上昇し続けたことでシンガポール人の住宅事情が悪化、その不満が鬱積《うっせき》し、2011年5月の総選挙で、史上初の現職外務大臣が落選するという事態に発展している。

これを受けて、FISによる永住権取得スキームも2012年4月に廃止された。4月2日に廃止決定が発表され、同月末には施行されるというシンガポールらしい決定・実行の早さだった。

そのため永住権を得るためのスキームとして現在残されているのはGIPという制度を利用したものだけなのだが、これは会社の年商が3000万シンガポールドル（約24億円）以上の会社経営者だけが対象となっているため、お金のみで永住権を取得できるスキームは実質的には消滅してしまった。私が永住権を取得したように、何年かシンガポールで働き、税金を納め、申請して取得する以外の方法はほぼなくなってしまったのである。

バンク・オブ・シンガポールへ

予想していたこととはいえ、バンク・オブ・シンガポール（以下BOS）での業務のやり方は、同じプライベートバンキング業務でありながら日本のプライベートバンクで働いていた頃とは何もかもが違っていた。

ＢＯＳはシンガポール金融管理局の管轄下にある銀行であり、そこに所属するプライベートバンカーが従っているのも、基本的にはシンガポールの金融ルールだ。しかし、顧客が日本の富裕層である以上は、日本の金融規制に抵触しないようにシンガポールの金融スキームやソリューションを提供していく必要がある。そのため私もＢＯＳに入るとすぐに、日本の金融レギュレーション（規制）のもとで業務として「やってよいこと」と「やってはいけないこと」に関する研修を受けた。たとえば、シンガポールに関する一般的なセミナーなどならばやっても構わないが、シンガポールのプライベートバンカーが、日本で商品の勧誘や提案を行うのは違法である、などのことについて学んだのだ。

そのルールを遵守しながらも、日本の富裕層顧客との取引を進め、ＢＯＳに資産を移管してもらったわけだが、これをやるために私は日本とシンガポールを往復した。

多かったパターンでは、毎月第1週目に富裕層顧客とのミーティングのため、日本へと出張する。出張期間は多くは7日、長い時で10日ほどになるが、この時点で私は日本の非居住者となっているため、この間の滞在先はホテルである。東京や大阪などの大都市はもちろん、北海道から沖縄まで、富裕層から呼ばれればどこにでも赴くのだ。この月初めのミーティングで顧客にスキームやソリューションの情報を提供しておき、その後にシンガポールに来てもらって具体的に内容を決めていくことが多い。

顧客にはまずBOSに口座を開設してもらった上で資金を日本から移管してもらい、次にスキームや商品を決め、運用を開始する。なお、日本人にとって個人の銀行口座といえば「1人1口座」であるのは常識だが、これは口座の持ち主が亡くなった際に一旦凍結することで、日本の税務当局が相続税を徴収する際に把握しやすくなるからであろう。

その点、シンガポールの場合は相続税がないので、一つの口座を夫婦や親子など複数の人が共有（ジョイントアカウント）することができ、口座名義人のうちの誰かが亡くなったとしても口座は凍結されず、他の口座名義人は自分のサインだけで自由に資産を動かすことができる。

日本からシンガポールに戻ってくると、第2週目は、日本で顧客と打ち合わせた内容についての事務作業を進めていく。その手始めがKYCと呼ばれる、口座を開設してくれる顧客のその人の経歴や資産を形成した背景、資産総額や金融資産総額、年収などについての詳細なプロファイルを作成することだ。

シンガポールでプライベートバンクの口座を開設するには、政府が設定した年収や資産に関する基準を満たし、適格投資家（AI＝アクレディテッド・インベスター）と認められる必要がある。またＢＯＳにも口座を開設するための最低預入金額があり、これは私がいた2010〜2011年当時で100万ＵＳドルだった（現在は200万ＵＳドルである）。これ以外にもいくつかの基準があり、それを満たす顧客でないと、ＢＯＳのコンプライアンス部が口座開設を承認してくれないのである。

第3、4週目は、日本からシンガポールまで来てもらった顧客のアテンドをしつつ、翌月に日本で会う予定の顧客たちにアポイントメントを取る。私が日本に居られる日数は毎月7〜10日しかない上、顧客も顧客で忙しいわけだから、調整は大変だ。だから多い時には、ランチミーティング、ディナーミーティングを含めて、一日に5件以上のアポイントを詰め込むこともあった。

東日本大震災

日本が東日本大震災に襲われたのは、私がＢＯＳで働くようになって10ヵ月が過ぎた頃だった。

地震当日の私は深夜のフライトで日本への出張を控えており、日中はＢＯＳのオフィスでその準備をしていた。その時ある同僚から内線電話で、「おい！ ディーリングルームに来い！」と興奮した様子で呼び出された。行ってみると、ディーリングルームに備え付けられている大型モニターには、民家などあらゆるものが津波に流されていく光景が映し出されていた。

この日に乗るはずの便が出るかどうかは、チャンギ国際空港に行ってみないことにはわからないとのことだった。予定通りに空港に向かってみると、結果的に着陸する空港が成田から羽田に変更になっただけで、フライトは実施された。

日本に到着すると、空港も、ＪＲの品川駅もそれまでに見たことのないほどの人で溢《あふ》れかえっており、滞在先の赤坂のホテルまで向かってくれるタクシーを拾うために、２時間半待つことになった。やっとのことでホテルにチェックインし、ようやく一息ついたところで、福島第一原発が爆発したとのニュースが飛び込んできた。

私よりも先に日本入りしていたジャパンデスクの日本人同僚は、このニュースを受けて全ての予定をキャンセルしてそのままシンガポールに飛んで帰っていったが、私はその後１ヵ月日本に滞在することになった。

苦労したのは、ミーティングのアポイントが次々にキャンセルになってしまったことだ。顧客である富裕層は、原発爆発による影響が国土の広範囲におよぶ可能性を考慮し、ごく早い段階で西日本ないしは海外に避難していたのだ。

原発事故がどうやら最悪の事態を免れたとわかっても、大地震をきっかけに日本という国の地政学的なリスクを考慮しはじめた富裕層は多かった。

彼らが特に注目をしたのは、地震のないシンガポールであった。震災直後の混乱がひとまず落ち着いた5月のゴールデンウイークあたりから、シンガポールを単なる資産フライト先としてではなく移住先として検討しはじめた富裕層顧客が、続々と訪れるようになり、子どもたちが通う学校や、住居であるコンドミニアムも見学するようになったのである。

富裕層の海外移住志向の高まりは、彼らの資産を増やす重要なスキームである、海外生命保険の加入（第3章で詳述）に関して、日本に居住しているというだけで不利になってしまう期間が震災後しばらくあったことも影響していた。

震災前までならば、日本に居住する日本人が海外の生命保険会社に加入することは何の障壁もないことで、海外では3つの保険会社が日本居住者を対象に生命保険を販売していた。ところが福島第一原発の事故が起きると、原発から漏れ出した放射能が日本居住者の健康リスクに与える影響が計り知れないという理由で、この3社すべてが日本居住者の保険加入を中止するようになった。震災から半年たっても、日本居住者の保険加入を再開したのは1社しかなく、現在も2社にとどまっている。

ファミリーオフィスこそ究極のプライベートバンク

念願だった海外のプライベートバンクで働き、顧客とＷｉｎ‐Ｗｉｎの関係で仕事ができる環境をようやく得られたにもかかわらず、私はある時期から、例の満たされない感覚をまたも覚えるようになっていた。

いくらＢＯＳが海外のプライベートバンクとはいえ、今の自分が所属しているこの会社のジャパンデスクなる部署は、言ってみればシンガポールという国の一隅につくられた「日本人ムラ」に過ぎない。その環境にいつまでもとどまっていては自分自身の成長も止まってしまうだろうし、私の最終目標である「富裕層ビジネスの最高峰」には到達できない、との思いが日に日に強まっていったのだ。

前触れもなく唐突に起こり、膨大な人々の人生を理不尽にも津波で飲み込んでいったあの震災の後では、その思いはなおさら強まっていった。そしてシンガポールに来て1年3ヵ月が過ぎた2011年8月頃になると、私の頭の中は、米アップルの創業者スティーブ・ジョブズのあの有名な言葉が、常に反響しているような状態だった。

「If today were the last day of my life, would I want to do what I am about to do today?（もし今日が人生最後の日だとしたら、いまやろうとしていることは本当に自分のやりたいことだろうか？）」――

とある敏腕ヘッドハンターが私に接触を求めてきたのは、そうした「本当に自分のやりたいこと」への渇望感をちょうど私が強く抱いていた時期であり、私は彼の話を聞くことにした。会ってみると、彼はまずシンガポールのＵＢＳやクレディ・スイスという大手のプライベートバンクからのオファーを提示してきたが、そうした銀行に移ったところで年俸が上がるだけでやること自体は今までと変わらない。そこで、「もっとユニークな富裕層ビジネスができる金融機関はないのか？　あるならば、そうした会社からのオファーを探してきてほしい」と依頼すると、ヘッドハンターは、ＵＢＩ　Ｂａｎｃａ（Unione di Banche Italiane＝イタリア銀行）のシンガポール支店の話を持ってきた。

イタリア五大銀行の一つであるＵＢＩは本国では商業銀行をメインに行っているが、シンガポール支店では「ファミリーオフィス」と呼ばれるスタイルのビジネスを展開していたのだ。

ファミリーオフィスとは、欧米で発達したプライベートバンクの一形態で、富裕層の一族が所有する事業や資産を管理・保全・運用し、未来の世代に継承するビジネスのことである。

古くは16世紀頃の欧州王族・貴族の資産管理がルーツと言われ、19世紀アメリカでロックフェラー、モルガン、カーネギー、バンダービルトなど新興の大富豪たちが登場するようになると、彼らが一族の資産の保全・継承を将来にわたって行うための組織として相次いで誕生。超富裕層の間に急速に浸透していった。

ファミリーオフィスが通常のプライベートバンクとも違う点は、単に資産を運用して殖やしたり維持するのみにとどまらず、一族の永続的な繁栄を目的に、彼らの「ファミリーウェルス（一族の富）」全体の管理を代行する、という点にある。したがってファミリーオフィスがカバーする領域は、富裕層一族の世代間での資産運用のほか、会計と税、遺産相続の連携、子息の教育、慈善活動などきわめて多岐にわたる。この業務には金融のプロだけでなく、会計士や弁護士、税理士など各分野のプロフェッショナルが結集し、一族専属のチームとしてあたるのが通例である。

BOSなど海外のプライベートバンカーが、日本のプライベートバンカーなどに比べればはるかに顧客の利益に適《かな》う業務を行っているのは確かだが、そうはいっても金融機関の一部門である以上は、組織のしがらみで顧客のサポートを100％優先することが許されないこともある。また、プライベートバンクが顧客富裕層の子息の教育などに取り組む例がないわけではないが、メインの業務はあくまで金融資産の運用に関する相談であって、ファミリーオフィスに比べればサービスが限定されてしまう。こうしたことから近年、富裕層の中でも特に洗練された層の人々は、自らの資産運用をファミリーオフィスへ任せるようになっているのである。

ファミリーオフィスは、一家族のみの資産を運営管理する「シングル・ファミリーオフィス」と、いくつもの家族の資金を運営する「マルチ・ファミリーオフィス」の2種類に大別される。かつてはファミリーオフィスといえばシングル・ファミリーオフィスが一般的だったが、世界的に富裕層の数が増してくるにつれて、いくつもの家族の資産を管理するマルチ・ファミリーオフィスが増えてきたのである。

シングル・ファミリーオフィスとして有名な例では、ビル・ゲイツ本人とその妻の資産運用・管理を行っているBill and Melinda Gates Investments（BMGI）や、ゲイツ個人の資産に関して運用を行っているCascade Investment, LLC.があり、どちらも自身のファミリー企業で内製化し、専門家による資産運用・管理を行っている。

それに対してマルチ・ファミリーオフィスの著名な例では、全200のファミリーから合計で620億ドル（約7兆円強）の受託資産を持つCambridge Associatesのようなところがある。私が所属したUBIキャピタル・シンガポールも、このマルチ・ファミリーオフィスのひとつである。

ファミリーオフィスの最大の特徴は、富裕層ファミリーの要望に100％適う助言が行えるよう、世界のどの金融機関の利害にも影響されない独立性・中立性をシングル、マルチの別なく確保しているということに尽きるだろう。

UBIキャピタル・シンガポールも金融機関であるが、顧客との相談を重ね、複数のプライベートバンクの中から最適なものを受託銀行（カストディアン）として選んだり、あるいは複数のプライベートバンクを受託銀行として使うことで、最適な商品、サービスを提供し、アドバイスを与えるというスタイルの業務を行っていた。言ってみれば、顧客とプライベートバンクの中間の立ち位置である。

そのため、プライベートバンクが自社商品に偏りがちなのに対し、UBIキャピタル・シンガポールではどの商品に対しても中立でいることができた。あるプライベートバンクに顧客に最適な商品がないのであれば、他のプライベートバンクで調達したり、あるいは一人の顧客のために特別にテーラーメイド商品を設《しつら》えて提供する、ということも十分に可能だったのである。

これらの事実を踏まえてUBIでは、自分たちが提供する全てのサービスにおいて、「オープンアーキテクチャー」（中立性・独立性）が確保されていると標榜《ひょうぼう》していた。

ついに富裕層ビジネスの最高峰へ

私はUBIキャピタル・シンガポールに行くことを決心し、2011年11月ついにジョインした。得られたものは、絶大だった。

UBIはシンガポール人の優秀な弁護士や会計士を揃えており、私がシンガポールで駆使するスキームは彼らの力を得てさらに洗練されたものになった。

またBOS時代の私は、同僚たちとの連携がジャパンデスクという小さなムラに限定されていたが、UBIでは日本人は私一人しかいない代わりに、シンガポールのほかヨーロピアンデスク、さらに中国本土、台湾、フィリピン、マレーシア、インドネシアなどのアジア各国のデスクと横の関係ができるようになり、ワールドワイドの知識とノウハウを手に入れることができた。そのおかげで日本人富裕層に対しても、より深く広がりのある提案ができるようになったのはもちろん、他国の富裕層も顧客に加えられるようになった。

こうした仕事をしていくことで、私は「これこそが自分のやりたかったことだ」と感じることができた。「いままさに自分が、目指していた富裕層ビジネスの最高峰に到達した」ことを実感したのである。

もっとも私がUBIで過ごした日々がそれほど長かったわけではない。というのも、2012年にギリシャ危機が勃発すると、これをきっかけにイタリアやスペインの国債が大きく売られ、UBIの格付けも低下。これを受けて翌2013年3月、本社がシンガポールから撤退すると決定したからである。

ここで私に残された選択肢は、「シンガポールに残る」か「日本に帰る」の二択だった。

例の敏腕ヘッドハンターやUBIの同僚たちは、シンガポールにある他のプライベートバンクやファミリーオフィスへの移籍オファーを持ってきてくれたし、私自身もそれらを、一時は真剣に検討はした。だが、自分の心に問いかけてみればどちらを選ぶべきかは明らかだった。「もうこれ以上シンガポールにいたところで、登るべき山はない」ことを、私自身が一点の曇りもなく確信していたからである。

UBIがシンガポールからの撤退手続きを完了するには、シンガポール金融管理局（MAS）が定めるだけの人員を、撤退する最後の日まで会社に在籍させておく必要があった。私はこの条件を満たすためにCEO（経営最高責任者）、CFO（最高財務責任者）、COO（最高執行責任者）とともに最後までUBIに残ることになり、無事に撤退完了を見届けたところで、2013年6月、日本に帰国した。以後、日本とシンガポール、スイスなどを行き来する生活を続けている。

日本を金融鎖国から解き放つために

日本に戻ると決めてからの私は、帰国後に自分がすべきことについて考えを整理していた。そして最終的に、以下の二つを目標に据えることにした。

一つは、今までに得た知識・経験・ノウハウを基に、日本ではまだ誰もやっていない、本格的なプライベートバンカー、そしてファミリーオフィスのビジネスを始めることである。

そしてもう一つは、自分が学んだ金融知識やノウハウ、スキーム、ストラクチャーを広範囲に普及させていくことで日本人全体の金融リテラシーを高め、金融鎖国と揶揄《やゆ》されるような状況を打破したいということである。

日本政府の借金は、２０１７年３月末時点の残高で約１０７１兆円だが、その借金の約９割を占める国債の保有比率をみると、個人が国債を直接保有する率などごくわずかであるのに対し、国内の民間金融機関（約５割）と中央銀行である日本銀行（約４割）が圧倒的多数を保有している。国民が個々に銀行に預けている預金や、加入している保険の積立金が金融機関を通じて国債に投資され、結局は国の借金に充てられているという構図なのだ。

日本政府には国民の資産をこれからも財政赤字の穴埋めに充て続けたい思惑があり、日本人のお金が海外の金融機関や金融商品に流れるような事態があっては困るのかもしれない。日本に煩雑な金融規制が異常なほどたくさんあるのは、その流出防止策という側面もあるのではないかと私は考えている。

たとえば、海外には日本の保険会社では到底提供できない優位な保険商品がたくさんあり、これに加入することで大きな恩恵を受けられる日本人がたくさんいることは間違いない。ところがこうした保険を、日本に支店などを置いていない保険会社が日本の居住者に売ったり、逆に日本の居住者が加入することは保険業法第１８６条の規定で事実上禁じられているのである。

これなどはまさに日本の保険会社に独占販売権を与えることで、政府の借金である国債の返済原資に回している日本居住者のお金を海外に流出させないようにしているわけで、「金融鎖国」と呼ぶしかない状態である。自動車や家電、ITなどはグローバルスタンダードの波にさらされて商品やサービスの質がブラッシュアップされていくのに、金融だけがそうなっていないのだ。

だから海外には優れた金融商品やサービスが山ほどあるというのに、これらのほとんどは日本では知られていないし、日本人がアクセスすることもなかなかできない。

よく「日本人は金融リテラシーが低い」といわれるが、こうした規制の網こそが、日本人のリテラシーをいつまでたっても向上させない足枷《あしかせ》になっているのではないだろうか。

だからこそ私は本書を通じて、これまでは富裕層のみが知り、恩恵を受けていたスキームやソリューションの数々について、日本に住む富裕層ではない多くの人たちにも知ってもらいたいと考えている。これらのスキームやソリューションを共有してもらうことは、社会全体に「富の裾野」を広げていく効果が期待できるし、日本人全体の金融リテラシーの向上にも、確実に役立つだろうと考えているからだ。

第3章　プライベートバンカーの資産運用法

富裕層は海外でこうやって増やしている

ファンドや生命保険に担保価値を認める海外、認めない日本

本章では、私がプライベートバンカーとして到達した最強の資産運用法について述べていくことにするが、この本格的な説明に入る前に、前提として知っておいてもらいたいことがある。

それは「レバレッジの存在」こそが、日本ではなく海外のプライベートバンクに資産運用を任せるべき根拠である、ということだ。

「レバレッジをかける」「レバレッジを効かせる」など、レバレッジは投資の世界では頻繁に使われる言葉だが、これはもともと「テコの原理」のことだ。テコを使えば非力な人でも重い石を持ち上げることができるように、借り入れをうまく利用することで、少ない手持ち資金を元手にその何倍ものリターンを得ることができる。これを私たち投資の世界に生きる人間は「レバレッジの効いた」状態と表現する。

一般に日本の金融商品は、企業の売る債券であろうと、それらをパッケージにした投資信託（ファンド）であろうと、この「レバレッジをかける」ということが海外と比べるととてもやりにくい。たとえば日本に住む人が1億円で日本の金融機関からファンドを買おうとする場合、普通ならば買えるのは1億円のファンドだけだ。これは日本の金融機関が

ファンドに対して、不動産がもっているような担保価値を認めていないからである。

その点、海外のプライベートバンクは、ファンドや債券、保険などの金融商品に対して、日本の金融機関とは比べ物にならないほど高い担保価値を認めている。そのため、ファンド購入者は自分が買ったファンドを担保にさらにプライベートバンクから融資を受け、元手が1億円しかなかったのにそれ以上の額のファンドを購入する、といった投資が可能になる。

仮にあなたが海外のプライベートバンクから2000万円のファンドを5本、合計で1億円分買ったとしよう。この場合、プライベートバンクはそのファンドを担保としてさらに1億5000万円を融資してくれるので、購入者はさらに1億5000万円分のファンドを買うことができる。この場合、元手が1億円しかなかったのに最終的に2億5000万円分のファンドが買えているわけだから、このケースでは2・5倍ものレバレッジが効いているというわけである（なお、この「レバレッジ率」は、担保となる金融商品の担保価値を元にプライベートバンカーが独自の手法で計算し適用する）。

海外のプライベートバンクを使えばこういうことができるのだ、ということを理解してもらったところで、さっそく私の運用法、名付けて「スギヤマスペシャル」の説明に移ることにしよう。これは間違いなく、日本の富裕層が他の何よりも海外で儲けることのできるスキームであり、その詳細がここまで明らかになるのはおそらく本書が初めてだろう。

オフショア生命保険とは

第2章でも何度か触れてきたが、スギヤマスペシャルでは「オフショア生命保険」、つまり海外生命保険への加入をベースとしている。オフショアとは、もともと岸（shore）から離れ（off）、海に流れる風（陸風）という意味を持つ言葉であり、ビジネスの世界ではそこから転じて、本拠地から離れた海外で何か行う、という意味もある。このオフショア生

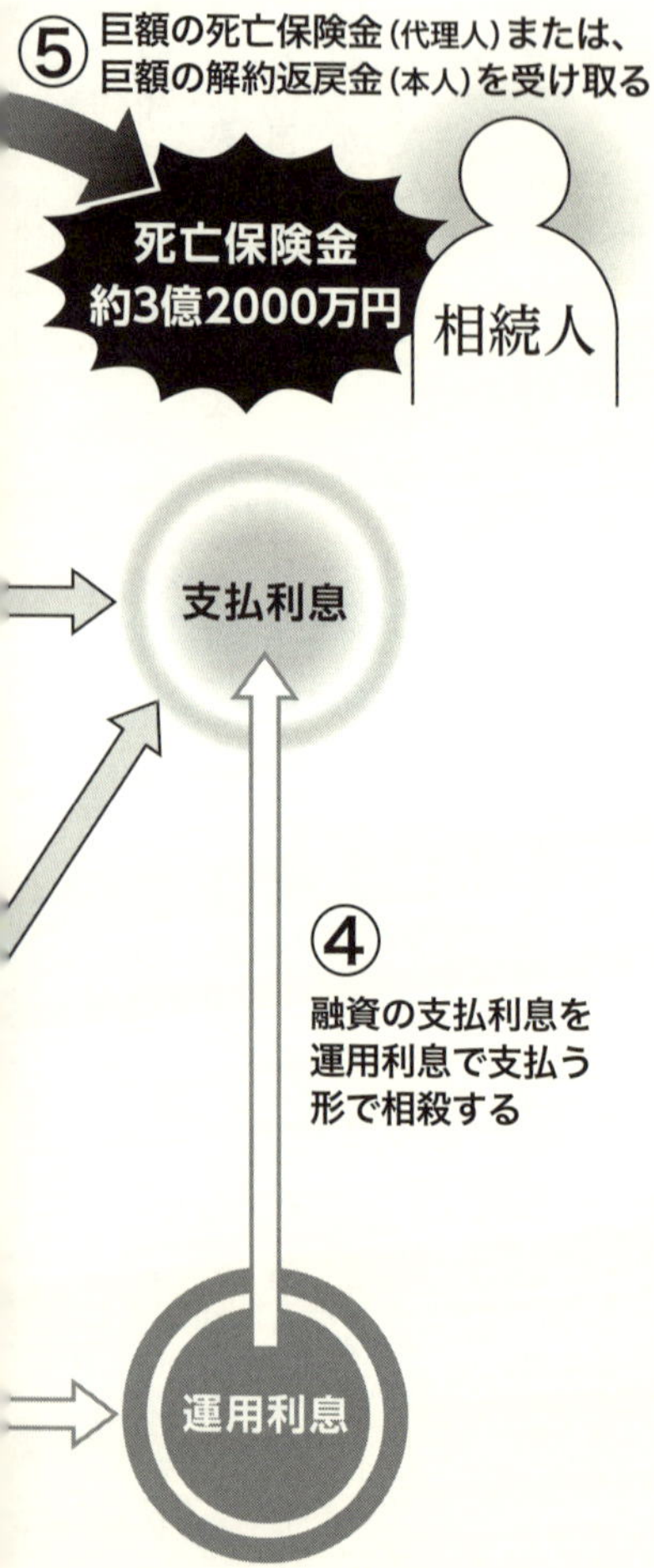

図表3-1　オフショア生命保険＋α（スギヤマスペシャル）〈プラン1〉の概要

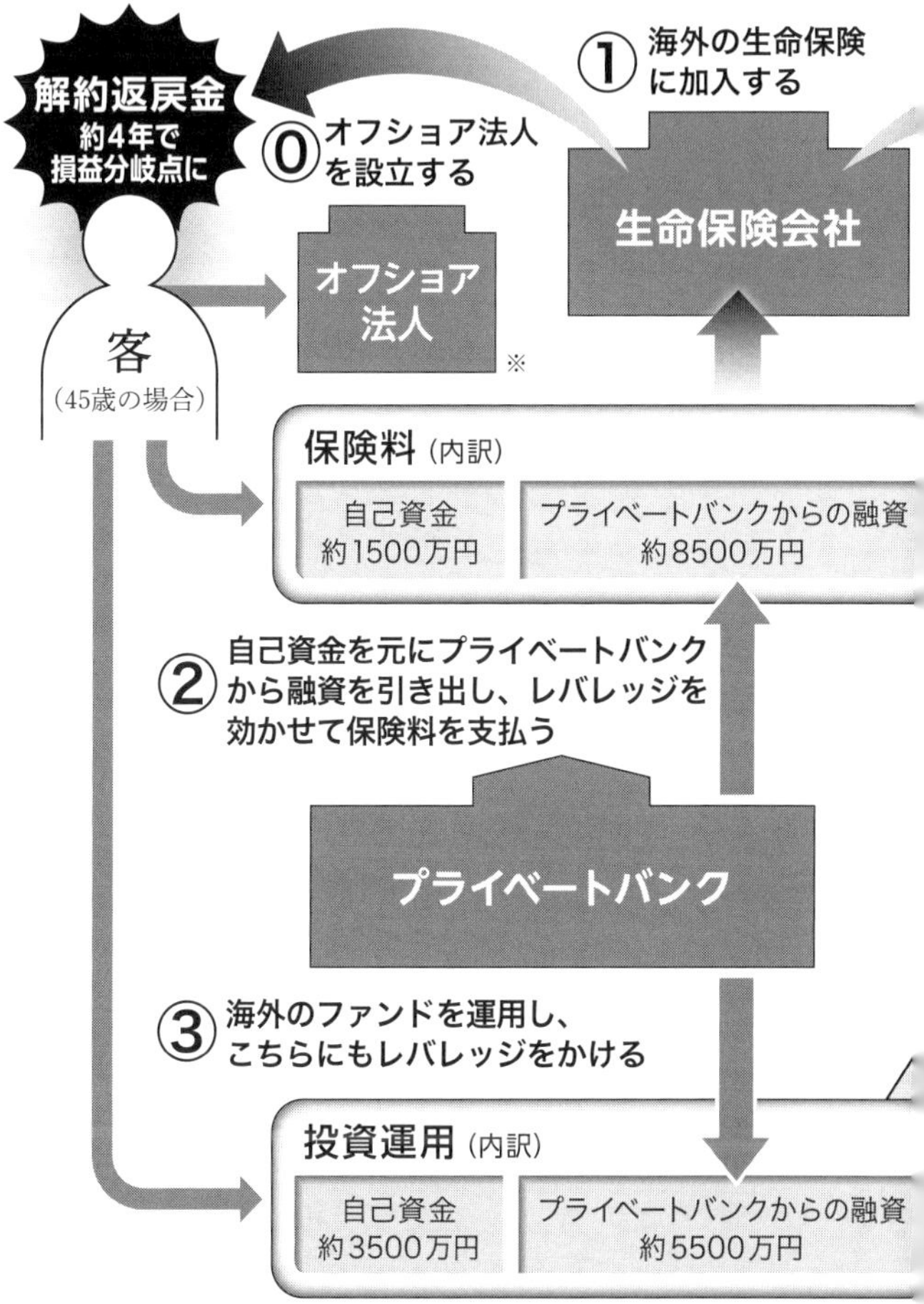

※運用利息によってオフショア法人設立費用と運用
に際しての融資の利息についても相殺される

命保険を利用した資産運用法の手順をごく簡略化して説明すると、以下の6つの行程から構成される。

⓪オフショア法人を設立する。
①海外の生命保険に加入する。
②自己資金を元にプライベートバンクから融資を引き出し、レバレッジを効かせて保険料を支払う。
③海外のファンドを運用し、こちらにもレバレッジをかける。
④融資の支払利息を運用利息で支払う形で相殺する。
⑤巨額の死亡保険金（代理人）または、巨額の解約返戻金（本人）を受け取る。

この⓪から⑤までをひとつのパッケージとして行うのが、スギヤマスペシャルにおける最もベーシックなスキームである（⓪については90ページで詳述する）。この「保険＋運用スキーム」を、仮にスギヤマスペシャルの〈プラン1〉と呼んでおくことにしよう（【図表3－1】参照）。

資産形成・運用のためのツールとして海外の生命保険を提案するプライベートバンカーは私以外にもいないわけではないが、私はこれに自分なりのオリジナル要素を加え、さらに改良を重ねることで完成度を高めてきた。この商品を利用した運用法について私以上に精通している者は少なくともまだ日本にはいないし、この商品のポテンシャルを余すことなく使いこなせる唯一の日本人であると自負している。

なお顧客の要望によっては生命保険加入とそのための融資（つまり〈プラン1〉中の①と②に当たる部分）を敢《あ》えて行わず、③の中の運用部分だけを別個に行うこともある。

さらにその運用に際しても、ファンドに限らず債券、あるいは「仕組預金」と呼ばれる金融派生商品（デリバティブ）を含む預金商品を用いるなどいくつものバリエーションがあり、それぞれに関連して海外法人を活用することもある。これらについては本章の後半部分で詳しく説明することにしよう。

海外生命保険の規格外のパワー

話を〈プラン1〉に戻そう。このプランでなぜ海外の生命保険を利用するかといえば、この金融商品が、日本で一般にイメージされる「生命保険」とは別次元のパワーをもっているからにほかならない。

日本では生命保険に対しても様々な規制があり、保険加入者が亡くなった際に受取人が得られる死亡保障は最大で7億円までと定められている。中には3社など複数の保険会社

図表3-2　国内生命保険との比較（50歳・男性・非喫煙の場合）

保険会社	保険料
日本大手 生命保険会社	5億5,948万円
海外の 生命保険会社	207万6,102ドル （2億3,875万円）
海外の 生命保険会社 （融資付き）	100万5,200ドル （1億1,560万円）

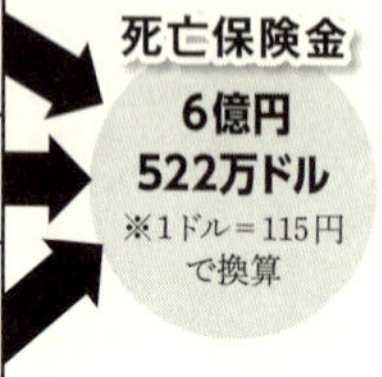

保険料と投資運用にレバレッジを効かせることで、1億1,560万円の資金で6億円の死亡保障の保険に加入できる。国内の生命保険は、死亡保険金と支払った保険料はほぼ同額。

と契約することでそれ以上の死亡保障を得られることもあるが、その場合でも10億円が上限だ。「保険好き」で知られる日本人ではあるが、日本国内の生命保険に加入している限りは、どれほど多額の保険料を払い込もうとその壁を越えることはできない。

ところがプライベートバンクを通じて、日本の規制がかからない海外の生命保険に加入すれば、そこには全く別の世界が広がっている。加入者は自分が亡くなった時点で最大1億ドル、つまり日本円にして115億円もの保険金を家族に残すことができるのである。

日本の保険と海外の保険にどれほど威力の差があるか、【図表3－2】に示した具体的なモデルで説明してみよう。

50歳の非喫煙者である男性が日本の大手保険会社の生命保険に加入した場合、この人が死亡時に6億円の死亡保険金を残すためには、総額で5億5948万円もの保険料を払い込む必要がある（なお本項で記す生命保険は、特に断りのない場合、保険料を一括で支払うことで終身型の保障を受け取れるようになる「一時払い終身保険」を指す）。

ところがこの人が海外の生命保険に加入した場合は、207万6102USドル（日本円にして約2億3875万円。本書では特に断りのない場合、1USドル＝115円で円ドル換算を行っている）を払い込めば同じく6億円（522万USドル）の死亡保障を得ることができてしまう。同じ保障を得るための保険料が、わずか40％強で済んでしまうのだ。

さらにレバレッジを効かせた場合は、その半額程度で同じ保険に加入できてしまうのである。

海外の保険は保険料を米ドル建てで支払う必要があるので、厳密には同一線上での比較はできないとはいえ、利率が全く違うことは一目瞭然だろう。

なお、こうした圧倒的なパワーは海外の生命保険ならば一般的に備えている特徴ではあるが、日本の居住者でも加入できる保険を扱っている会社は実際にはごく数社に限られている。そのため、本書において「海外の（生命）保険会社」という言葉が出てきたときは「日本に支店などを置いていない保険会社一般」のことを指しているわけではなく、その「限られた数社」のことを指しているのだと考えていただきたい。

なぜこれほどの利回りが可能なのか

海外の保険会社がなぜこれほどの利回りを実現できるのかといえば、加入者から払い込まれた保険料を運用する方法が日本の保険会社とは全く異なるからだ。

第2章でも述べたように、日本には保険各社が暗黙の了解のうちに日本国債を買わされ、これ主体での運用をせざるをえないルールがあるのだが、日本国債の利回りは、最も高い30年物でさえ0・81%(2018年1月現在)しかない。その点、海外の生命保険会社はアメリカの30年物国債などをメインに運用しており、こちらは現在買えるものでも2・81%(同)の利回りがある。しかも海外保険会社が今現在保有する30年物米国債といえば9%以上もの利回りがあった1990年代中頃のものであり、それが現在も運用の中に組み込まれているのだから、運用に差が出るのは当然なのだ。

世界的に見ても相続税が高く、せっかく親から不動産を受け継いだのに相続税を払うために手放した――などの例が絶えない日本において、これは極めて魅力的な相続税対策になりうる(当然ながら、両親など自分以外の人が被保険者となり、かつ自分を受取人にしておけば、その人が亡くなった際には自分自身がこの莫大な死亡保障を得ることができる)。

さらにいえば、いざというときは中途解約しても自分が払い込んだ額以上の解約返戻金を受け取ることが可能だ。どうしてそうなるかについては後で詳しく説明するが、この保険は「3・6％」という高い利回りを誇るゆえに、加入4年がたつ頃には早くも解約返戻金のほうが払い込んだ額を上回ってしまうのである。

プライベートバンクから融資を受ければ必要資金はぐっと少なくできる

しかもこの「2億3875万円」という保険料にしても、海外プライベートバンクのサポートを受ければこの全額を用意する必要はない。次ページ【図表3-3】に示したようにプライベートバンクから融資を受けることで、最初の必要資金はこれよりはるかに抑えられるからだ。

【図表3-3】は「45歳男性・非喫煙者」を想定したモデルケースだが、ここでも【図表3-2】と同様、加入者は100万USドル（1億1500万円）の保険料を一括で払い込み海外生命保険に加入し、払込額の3倍以上となる322万9589USドル（3億7140万円）の死亡保障を受ける権利を獲得している。

ただしこのケースにおいては、加入者は100万USドルの保険料を全額自分で用立てていない。100万USドルのうち、その大半となる84万6000USドル（9729万円）はプライベートバンクからの融資を受けて払ってしまったからだ。したがってこの人が保

図表3-3　融資額はどう決まるか（45歳・男性・非喫煙の場合）

死亡保障金額3億7,140万円を得るためには1億1,500万円の元手が必要だが、その大半をプライベートバンクが融資するため、実際には1,771万円用意できれば加入できてしまう。

険加入にあたって自分で用意した資金は、実際には15万4000USドル（1771万円）だけだったのである。

プライベートバンクが顧客の保険加入になぜこれほど多額の融資ができるかといえば、それはこの生命保険が、仮に加入者が加入したその日に解約したとしても、払込額の94％の解約返戻金が戻ってくる仕組みになっているからだ。

当然のことだが、プライベートバンクは保険料を融資するにあたって加入者本人の保険証書を担保として保管している。だから払込額100万ドルの保険加入者が仮に突然行方をくらますようなことがあっても、プライベートバンクとしては保険を解約すれば、この保険の一日目の保険価値である94万ドル（1億810万円）を確保できる。だからその94万USドルの90％にあたる84万6000USドルまでは、安心して融資できるというわけだ。

ちなみに、生命保険の担保価値はその保険を運営する保険会社の格付けによって決まり、会社の格付けがＡＡ（ダブルエー）ならば担保価値は90％、Ａ（シングルエー）ならば85％と決まっている。このスキームにおいてプライベートバンクが90％の融資ができるのは、実際に顧客に契約してもらうことになる保険会社の格付けがＡＡだからである。

融資の利息は、ファンド・債券の運用で賄う

このように、プライベートバンクから融資を受けることで比較的少ない元手で高利回りの海外保険に入れるというわけだが、これだけで終わってしまうようなら「最強」の運用法とはとても言えないだろう。というのも、プライベートバンクから融資を受ければ当然その借入利息が発生するし、その負担は顧客にとって軽いものではないからだ。

２０１８年１月現在、この金利は３・５％である。したがって１００万ドルの保険料を払うためにプライベートバンクから84万６０００ドルを借り入れた場合、この84万６０００ドルに３・５％が掛けられ、年間で２万９６１０ドル（３４１万円）の利息を払わなければいけないことになる。いくら莫大な死亡保障があるとはいえ、このコストが毎年生じることを思うとありがたみも薄らいでしまう、という人は多いはずだ。

だから私の運用法では、この利息支払いのための解決策もあらかじめ用意している。顧

客にファンドや債券を購入してもらってそれを運用し、その受取利息で借りた利息を賄ってしまえばよいのだ。

この運用に際して私がよく顧客に推奨するのは、米国のハイイールド債（高利回り債）のファンド（単独のハイイールド債ではなく、それをいくつもパッケージ化した投資信託）を複数銘柄購入することである。ハイイールド債は格付けにしてBB（ダブルB）以下の債券のことで、利回りが平均して7％程度と高く設定されている反面、元本割れのリスクが高いとされており「ジャンク債」などと呼ばれることもある。だが、そのリスクもファンドとして、さらに複数銘柄買えば十分に分散できる。

実際にハイイールド債を発行している米国企業の顔ぶれを見れば、パソコンメーカーのデル（BB+）、食品メーカーのデルモンテ（B）、ジーンズメーカーのリーバイス（BB）、通信企業のスプリント（BB−）、ハンバーガーチェーンのウェンディーズ（B−）、タイヤメーカーのグッドイヤー（BB−）などである。参考までに言えば、ソフトバンク、東京ドーム、パイオニアなどの有名日本企業も格付けはBB−だ。これらの銘柄が低い格付けに甘んじているのはそれなりに事情があるからなのはもちろんだが、とはいえ発行企業名を見れば現実にはそこまで差し迫ったリスクがあるわけではなく、複数銘柄のファンドとして買えばなおさらリスクを分散できる、ということは実感としておわかりいただけるであろう。

つまりハイイールド債（ファンド）のような商品は、できるだけたくさんの銘柄を買うことで高利回りの恩恵が増す一方でリスクの分散も可能になる。そしてこの運用を、日本ではない海外のプライベートバンクに依頼することのメリットはここでも発揮される。

仮にあなたが、一本あたりの価格が20万ドルで、平均利回りが年率で7・05％のハイイールド債のファンドを5銘柄、合計で100万ドル分購入するとしよう（後で述べるように、保険加入のための借入利息を賄う目的だけならばこれほどの初期投資は不要なのだが、複雑なスキームを少しでもわかりやすくするという便宜上の問題から、ここでは100万ドルで運用する想定で説明させていただく）。この場合、債券を購入するのが日本の金融機関からなら利回りは7・05％だけなので、5銘柄のファンドのリターンは年7万500ドルにしかならない。

ところが、同じ5銘柄のハイイールド債ファンドを海外のプライベートバンクから購入する場合は、本章の冒頭で説明したようにその債券に担保価値を認めてもらえ、この5銘柄に2・5倍のレバレッジをかけることが可能になる。

どういうことかというと、プライベートバンクは顧客が購入した100万ドルのハイイールド債ファンドに担保価値を認め、これを担保にすることでさらに150万ドルの融資をする。これによって顧客は、さらに150万ドル分のハイイールド債ファンドを購入し、合計で250万ドル分保有できる、というわけだ。

必要資金はどちらも100万ドルなのに、保有できるハイイールド債ファンドの価値は2・5倍になるのだから、利回りも当然2・5倍となる。

それを示したのが、実際にハイイールド債ファンドを購入した人物の運用実績を示した【図表3－4】だ。この「受取利息」の欄に「年17万6250ドル」とあるのがわかるだろう。日本の金融機関から購入していたら7万500ドルどまりだった債券の年利回りを、この人はレバレッジをかけることで2・5倍にできたということだ。

もちろんファンドである以上は元本の変動リスクはあるし、レバレッジも効いているとなればマーケットの下落局面ではなおさら慎重なアセットマネジメントが必要にはなるが、日本の金融機関が売る商品と比べて、圧倒的な運用利回りの差が生じるのである。

もっともこの場合の融資についても年2・5％（17年12月現在）の借入利息が発生するため、これに関しては配当から差し引かなければいけないことは留意してほしい。

つまり【図表3－4】のケースで言えば、受取利息17万6250ドルから借入利息3万7500ドルが差し引かれるということだ。さらにここから口座管理フィーとして運用残高の1・5％（このケースでは3万7500ドル）が差し引かれるため、年間の運用純利益としては、最終的に10万1250ドル（年率純利回りにして10・13％）ということになる。この中から、保険加入時の借入利息である2万9610ドルも賄うというわけだ。

図表3-4　10％利回りの実例（USドル建て）

必要投資資金			$1,000,000				
借入資金			$1,500,000				
総投資金額		レバレッジ2.5倍	$2,500,000				
銘柄名	セクター	ISINコード	担保価値	口数	年率利回り	受取利息	
Alliance Bernstein Global High Yield	Global High Yield	LU0156897901	60％	500,000	6.50％	$32,500	／月
Fidelity Fund Asian High Yield	Asian High Yield	LU0286669428	60％	500,000	6.78％	$33,900	／月
Neuberger US High Yield	US High Yield	IE00B4KRFX62	60％	500,000	6.88％	$34,400	／月
Blackrock US High Yield	US High Yield	LU0046675905	60％	500,000	6.70％	$33,500	／月
Allianz Income & Growth	US High Yield, CB & EQ	LU0820561818	60％	500,000	8.40％	$42,000	／月
総投資金額				2,500,000	7.05％	**$176,250**	／年
融資				融資総額	借入金利	支払利息	
借入資金				$1,500,000	2.50％	$37,500	
融資総額				$1,500,000			
銀行チャージ					年率チャージ	口座管理金額	
口座管理フィー				$2,500,000	1.50％	$37,500	
純利益					年率純利回り	年間純利益	
年間純利益					**10.13％**	**$101,250**	

100万ドルの資金を用意し、5本のハイイールド債ファンドを購入すると、ハイイールド債ファンド自体に現金価値があるとプライベートバンクが評価するため、プラス150万ドル分を合わせて250万ドル分を運用できる。本来の利回り7.05％の2.5倍の利回りとなり、そこからコストを引くと、年率純利回りは約10.13％という計算になる。

なお、100万ドルで計算したが、この方式を使えば元金が半分の50万ドルでも、年間5万ドルのリターンを得ることは十分可能だ。本書のオビに打った「元金5000万円で毎年500万円のリターン」とはこのことを指している。

また、ここでは便宜上100万ドルで運用するモデルで説明させてもらったが、先ほども述べたように、保険料の融資利息分を賄うためだけであれば、そこまでの資金は必要ない。【図表3－5】を見てもらえればわかるように、35万6000USドル（4094万円）で十分である。

この35万6000USドルがレバレッジのおかげで2・5倍されて89万USドルの資金となり、これらの平均利回りが7・05％なので、受取利息の年間総額は6万2763USドルとなる。

なお、【図表3－5】では「担保価値60％」とあるが、この数値がプライベートバンクが資金を融資する際のレバレッジ率と直接関係するわけではないことは注意してほしい。

プライベートバンクは、この担保価値を参考に「ストレスチェック」と呼ばれる独自の与信審査をして最終的なレバレッジ率を決定している。このケースでの「2・5倍」というレバレッジ率にしても、単に担保価値をそのまま当てはめたわけではない。

図表3-5　スギヤマスペシャル〈プラン 1〉の内訳（USドル建て）

総自己資金：USドル510,000（5,865万円）＝保険の自己資金：USドル154,000＋運用の自己資金：USドル356,000

〈運用〉

必要投資資金			**$356,000**
借入資金			$534,000
総投資金額			$890,000

〈保険〉

保険必要資金	**$154,000**
借入資金	$846,000
保険料	$1,000,000

銘柄名	セクター	ISINコード	担保価値	口数	年率利回り	受取利息		参照
Alliance Bernstein Global High Yield	Global High Yield	LU0156897901	60%	178,000	6.36%	$11,321	/月	
Fidelity Fund Asian High Yield	Asian High Yield	LU0286669428	60%	178,000	6.85%	$12,193	/月	
Neuberger US High Yield	US High Yield	IE00B4KRFX62	60%	178,000	6.72%	$11,962	/月	
Blackrock US High Yield	US High Yield	LU0046675905	60%	178,000	6.83%	$12,157	/月	
Allianz Income & Growth	US High Yield, CB & EQ	LU0820561818	60%	178,000	8.50%	$15,130	/月	
総投資金額				890,000	7.05%	$62,763	/年	
オフショア法人費用						**$6,000**		1
融資				融資総額	借入金利	支払利息		
保険借入資金				$846,000	3.50%	**$29,610**		2
運用借入資金				$534,000	2.50%	**$13,350**		3
融資総額				$1,380,000		$42,960		
銀行チャージ					年率チャージ	口座管理金額		
口座管理フィー				$890,000	1.50%	**$13,350**		4
純利益					年率純利回り	年間純利益		
年間純利益					0.13%	**$453**		5

92ページ参照

保険料100万ドルに対して、保険料を賄うのにいくら必要かを示している。図表のように、必要資金15万4,000ドルに運用資金35万6,000ドルを合わせた51万ドルの資金があれば、支払金利等も賄え、保険料100万ドルの死亡保障金額322万9,589ドルを得られる。

オフショア法人設立費用と年間維持費用

これに加えて、本スキームを実行するにはさらに別の費用も発生するので、それについても説明しておかなければならない。どういうことかというと、日本の居住者が海外の生命保険に加入するにはオフショア法人を設立してこの法人を契約者にする必要がある。その法人を維持するための年間費用として年間6000USドルがどうしてもかかってしまう（ただし、この6000ドルもファンド運用の受取利息の中から賄われるため、保険加入者がわざわざ用意する必要はない）のだ。

第2章の終わりでも少し触れたが、日本の保険業法の第186条には、日本の居住者は内閣総理大臣の許可を得ない限りは海外保険（日本に支店などを置かない保険業者の扱う保険）に加入できないという規定が存在する。

ただこれはあくまで日本の居住者が「個人として」海外保険に加入する場合のことであって、法人に関してはその限りでない。

日本国内ではなくあえて海外で法人を設立させるのは、海外の保険会社からすると、日本の金融規制はあまりに複雑かつ特殊だからだ。彼らからすれば、このような特殊なルール下でビジネスをしていて万が一問題が生じては困るということだ。

日本の居住者の場合は、海外保険に加入するだけのためにこのような回りくどいことをしなければいけないわけだが、他のアジアの国ではこのようなことはありえない。じっさい私の顧客には中国や台湾のほか東南アジア諸国の富裕層もいるが、彼らの場合はなんの問題もなく個人として加入できている。

いずれにしても、かくのごとき事情から日本居住者はオフショア法人を設立しなければ海外保険に加入できないのだが、その際に設立地として選べるのは、イギリス領ヴァージン諸島（BVI）、バミューダ諸島、モーリシャス、バルバドス、ケイマン諸島、マン島、サモア、バハマ、ジャージー島、ガンジー島、クック諸島といった国々である。

もっとも、実際の選択の段になるとほとんどの人がBVIを選択する。BVIでは法人の名前さえ決まっていれば2週間でその会社を設立できるなど手続きが迅速であり、設立費用が最も安い（BVIならば6000ドルで済むのに対して、他の国・地域だと1万5000ドル以上はかかってしまう）からだ。

BVI以外だと、ケイマン諸島もオフショア法人の設立地として有名だが、ここはどちらかといえば投資信託などを扱っている金融機関向けであって、目的が海外保険加入のためだけならここで法人設立する意味はあまりない。ケイマンはファンドに関連した法制度が整備されており、ファンドを設立しやすいのである。

必要資金は総額で51万ドル

ここで、スギヤマスペシャルの〈プラン1〉を実行する上で最低限必要となる資金額をもう一度整理しておくことにしよう。

まず、5本のファンドを2・5倍のレバレッジを効かせて運用するために必要な資金が35万6000USドルだった、ということを思い出してほしい。

この35万6000USドルが、2・5倍のレバレッジのおかげで年間6万2763USドルの受取利息を生む。この6万2763USドルから差し引かなくてはいけない費用は以下の4項目となる。89ページの【図表3－5】を再びご覧いただくとよくわかる。

1 前述のオフショア法人（BVI法人）を設立して維持するための費用　6000USドル
2 保険借入資金の支払利息　2万9610USドル
3 ファンド運用借入資金支払利息　1万3350USドル
4 口座管理費用　1万3350USドル

1から4の費用を合計すると6万2310USドルになる。受取利息6万2763USドルからこれを差し引くと、年間で453USドル（5）余ることになる。

一方で、海外生命保険に加入する際にも最低でも15万4000ドルは用意してもらう必要があり、先ほど出たファンド運用のための必要最低資金35万6000ドルにこの15万4000ドルを足すと51万USドル（5865万円）になる。この51万ドルが、この保険契約を毎年維持していくために必要な資金の全額であり、これを最初に投資してしまえば途中のランニングコストは発生しない。

51万ドル、1ドル115円換算で5865万円というお金が、誰もが簡単に出せるという金額ではないということは確かだ。だがこれによって、322万9589USドル（3億7140万円）の死亡保障を終身で得ることができ、その利回りは実に6・33％である。日本の生命保険が掛け金に対して1・008％の死亡保障しか得られないことを考えれば、富裕層がその投資価値を否定することは難しいはずである。

途中で解約してもすごい解約返戻金が！

とはいえ、この運用法は生命保険をベースにしているゆえに、読者の中にはあまり関心が持てないという人もいるかもしれない。いくら莫大な死亡保障があるとはいえ、それを目的に自分の身内に入ってもらうのは気が引ける、という人は少なくないだろうし、自分の死後に相続させたい相手が誰もいないという人もいるだろう。最近は日本にも若い富裕層がかなり増えてきたが、そういう人の中にはまだ独身で、相続を意識するタイミングを迎えていない人もいる。じっさい私の顧客にも生命保険に関心を示さない人は皆無ではなく、だからこそ運用だけを別個に行う後述するプランも用意しているのだが、この保険はたとえ途中で解約しても十分すぎるリターンがあることはぜひ強調しておきたい。

96〜103ページにわたる【図表3－6】は、45歳・非喫煙者の男性が2018年に海外生命保険に加入してからの利回りを1年ごとにまとめたものだ。見てのとおり、加入からわずか4年目の2021年には解約返戻金の額が保険料（100万USドル）を超え、101万870USドルとなっている。保険加入当日でさえ94％の返戻率なのだから当然といえば当然だが、こんなことは日本の生命保険では絶対にありえない。

さらに年を重ね、10年目で解約した場合の解約返戻金は118万2133USドルで18万2133USドル（2094万円）のプラス、17年目で解約した場合は、52万115USドル（5981万円）のプラスとなる。投資資金51万ドル（5865万円）に対して2倍強の金額で戻ってくる、ということだ（もっとも〈プラン1〉においては並行してファンド運用も行っており、こちらは元本変動があるので運用成績によっては必ずしもこのとおりにならないこともありうるのだが、ここでは元本が同価格であった場合を想定している）。

このように本ソリューションで利用する生命保険は、莫大な死亡保障が得られることもさることながら、たとえ中途解約しても十分な運用パフォーマンスを確保できるものなのである。

海外で健康診断を受診する意味

この保険は加入申込者をその国籍によってランク分けしており、富裕層の多い国の人ほど保障額の高いプランに入れるが、申し込む人の国籍しだいでは門前払いする、というとてもドライな側面がある。中国人は最近こそ富裕層が増えたので最上位のランクAになったものの以前は最低のランクCとされ、死亡保険金3000万USドル（34億5000万円）までのオファーしかできなかった。またミャンマー人などは最近まで加入することさえ許されなかった。

ただ日本人の場合は以前からランクAであるので、健康診断をパスし、資産内容にも問題がなければ保険料5000万USドル（57億5000万円）までは即座に加入が承認される。さらに保険会社本社が派遣する査定員が同席し通常よりも詳細なヒアリングと査定が行われる健康診断を受診し、特に問題が認められなければ1億USドル（115億円）までのプランに入ることも可能だ。

健康診断はシンガポール、香港、ハワイなどにある保険会社側が指定する病院で受ける

10年目に解約するとプラス18万2,133ドルの解約返戻金が戻ってくる。また、17年目には仮に解約しても当初投入資金の2倍強になっていることが表からわかる。

2024	2025	2026	**2027**	2028	2029	2030	2031
7	8	9	10	11	12	13	14
52	53	54	55	56	57	58	59
1,000,000	$1,000,000	$1,000,000	$1,000,000	$1,000,000	$1,000,000	$1,000,000	$1,000,000
154,000	$154,000	$154,000	$154,000	$154,000	$154,000	$154,000	$154,000
1,065,170	$1,097,817	$1,139,609	**$1,182,133**	$1,225,229	$1,268,762	$1,312,529	$1,356,712
$65,170	$97,817	$139,609	**$182,133**	$225,229	$268,762	$312,529	$356,712
106.52%	109.78%	113.96%	118.21%	122.52%	126.88%	131.25%	135.67%
$29,610	$29,610	$29,610	$29,610	$29,610	$29,610	$29,610	$29,610
3,229,589	$3,229,589	$3,229,589	$3,229,589	$3,229,589	$3,229,589	$3,229,589	$3,229,589
356,000	$356,000	$356,000	$356,000	$356,000	$356,000	$356,000	$356,000
890,000	$890,000	$890,000	$890,000	$890,000	$890,000	$890,000	$890,000
534,000	$534,000	$534,000	$534,000	$534,000	$534,000	$534,000	$534,000
$13,350	$13,350	$13,350	$13,350	$13,350	$13,350	$13,350	$13,350
$62,745	$62,745	$62,745	$62,745	$62,745	$62,745	$62,745	$62,745
$13,350	$13,350	$13,350	$13,350	$13,350	$13,350	$13,350	$13,350
$6,000	$6,000	$6,000	$6,000	$6,000	$6,000	$6,000	$6,000
$62,310	$62,310	$62,310	$62,310	$62,310	$62,310	$62,310	$62,310
$435	$435	$435	$435	$435	$435	$435	$435
$3,045	$3,480	$3,915	$4,350	$4,785	$5,220	$5,655	$6,090
0.60%	0.68%	0.77%	0.85%	0.94%	1.02%	1.11%	1.19%
$68,215	$101,297	$143,524	$186,483	$230,014	$273,982	$318,184	$362,802
13.38%	19.86%	28.14%	36.57%	45.10%	53.72%	62.39%	71.14%

図表3-6　海外生命保険　加入後の利回り・年次早見表（1）

45歳　男性　非喫煙
必要資金510,000ドル（保険資金154,000ドル＋運用資金356,000ドル）＝5,865万円
死亡保障：3,229,589ドル（3億7140万円）　※1ドル115円換算

年	2018	2019	2020	**2021**	2022	2023
年数	1	2	3	4	5	6
年齢	46	47	48	49	50	51
保険料	$1,000,000	$1,000,000	$1,000,000	$1,000,000	$1,000,000	$1,000,000
保険						
保険必要資金	$154,000	$154,000	$154,000	$154,000	$154,000	$154,000
解約返戻金	$969,931	$984,931	$997,551	**$1,010,870**	$1,024,993	$1,044,829
保険損益	-$30,069	-$15,069	-$2,449	**$10,870**	$24,993	$44,829
解約返戻率	96.99%	98.49%	99.76%	101.09%	102.50%	104.48%
ローン利子支払額	$29,610	$29,610	$29,610	$29,610	$29,610	$29,610
死亡保険金	$3,229,589	$3,229,589	$3,229,589	$3,229,589	$3,229,589	$3,229,589
運用						
運用必要資金	$356,000	$356,000	$356,000	$356,000	$356,000	$356,000
運用レバレッジ投資資金	$890,000	$890,000	$890,000	$890,000	$890,000	$890,000
レバレッジ金額（運用の借入金額）	$534,000	$534,000	$534,000	$534,000	$534,000	$534,000
レバレッジによる支払利息	$13,350	$13,350	$13,350	$13,350	$13,350	$13,350
受取利息合計						
受取利息合計	$62,745	$62,745	$62,745	$62,745	$62,745	$62,745
カストディアン・フィー（残高に対するフィー）	$13,350	$13,350	$13,350	$13,350	$13,350	$13,350
BVI法人費用	$6,000	$6,000	$6,000	$6,000	$6,000	$6,000
コスト合計						
総コスト（保険＋運用）	$62,310	$62,310	$62,310	$62,310	$62,310	$62,310
損益合計						
損益／年	$435	$435	$435	$435	$435	$435
累計損益（運用）	$435	$870	$1,305	$1,740	$2,175	$2,610
利回り（運用）	0.09%	0.17%	0.26%	0.34%	0.43%	0.51%
累計損益（保険＋運用）	-$29,634	-$14,199	-$1,144	$12,610	$27,168	$47,439
利回り（保険＋運用）	-5.81%	-2.78%	-0.22%	2.47%	5.33%	9.30%

2038	2039	2040	2041	2042	2043	2044	2045
21	22	23	24	25	26	27	28
66	67	68	69	70	71	72	73
$1,000,000	$1,000,000	$1,000,000	$1,000,000	$1,000,000	$1,000,000	$1,000,000	$1,000,000
$154,000	$154,000	$154,000	$154,000	$154,000	$154,000	$154,000	$154,000
$1,682,438	$1,725,704	$1,769,278	$1,813,089	$1,857,093	$1,901,234	$1,945,501	$1,989,884
$682,438	$725,704	$769,278	$813,089	$857,093	$901,234	$945,501	$989,884
168.24%	172.57%	176.93%	181.31%	185.71%	190.12%	194.55%	198.99%
$29,610	$29,610	$29,610	$29,610	$29,610	$29,610	$29,610	$29,610
$3,229,589	$3,229,589	$3,229,589	$3,229,589	$3,229,589	$3,229,589	$3,229,589	$3,229,589
$356,000	$356,000	$356,000	$356,000	$356,000	$356,000	$356,000	$356,000
$890,000	$890,000	$890,000	$890,000	$890,000	$890,000	$890,000	$890,000
$534,000	$534,000	$534,000	$534,000	$534,000	$534,000	$534,000	$534,000
$13,350	$13,350	$13,350	$13,350	$13,350	$13,350	$13,350	$13,350
$62,745	$62,745	$62,745	$62,745	$62,745	$62,745	$62,745	$62,745
$13,350	$13,350	$13,350	$13,350	$13,350	$13,350	$13,350	$13,350
$6,000	$6,000	$6,000	$6,000	$6,000	$6,000	$6,000	$6,000
$62,310	$62,310	$62,310	$62,310	$62,310	$62,310	$62,310	$62,310
$435	$435	$435	$435	$435	$435	$435	$435
$9,135	$9,570	$10,005	$10,440	$10,875	$11,310	$11,745	$12,180
1.79%	1.88%	1.96%	2.05%	2.13%	2.22%	2.30%	2.39%
$691,573	$735,274	$779,283	$823,529	$867,968	$912,544	$957,246	$1,002,064
135.60%	144.17%	152.80%	161.48%	170.19%	178.93%	187.70%	196.48%

図表3-6　海外生命保険　加入後の利回り・年次早見表（2）

45歳　男性　非喫煙
必要資金510,000ドル（保険資金154,000ドル＋運用資金356,000ドル）＝5,865万円
死亡保障：3,229,589ドル（3億7140万円）　※1ドル115円換算

年	2032	2033	**2034**	2035	2036	2037
年数	15	16	17	18	19	20
年齢	60	61	62	63	64	65
保険料	$1,000,000	$1,000,000	$1,000,000	$1,000,000	$1,000,000	$1,000,000
保険						
保険必要資金	$154,000	$154,000	$154,000	$154,000	$154,000	$154,000
解約返戻金	$1,401,362	$1,482,125	**$1,520,115**	$1,558,941	$1,598,714	$1,639,536
保険損益	$401,362	$482,125	**$520,115**	$558,941	$598,714	$639,536
解約返戻率	140.14%	148.21%	152.01%	155.89%	159.87%	163.95%
ローン利子支払額	$29,610	$29,610	$29,610	$29,610	$29,610	$29,610
死亡保険金	$3,229,589	$3,229,589	$3,229,589	$3,229,589	$3,229,589	$3,229,589
運用						
運用必要資金	$356,000	$356,000	$356,000	$356,000	$356,000	$356,000
運用レバレッジ投資資金	$890,000	$890,000	$890,000	$890,000	$890,000	$890,000
レバレッジ金額（運用の借入金額）	$534,000	$534,000	$534,000	$534,000	$534,000	$534,000
レバレッジによる支払利息	$13,350	$13,350	$13,350	$13,350	$13,350	$13,350
受取利息合計						
受取利息合計	$62,745	$62,745	$62,745	$62,745	$62,745	$62,745
カストディアン・フィー（残高に対するフィー）	$13,350	$13,350	$13,350	$13,350	$13,350	$13,350
BVI法人費用	$6,000	$6,000	$6,000	$6,000	$6,000	$6,000
コスト合計						
総コスト（保険＋運用）	$62,310	$62,310	$62,310	$62,310	$62,310	$62,310
損益合計						
損益／年	$435	$435	$435	$435	$435	$435
累計損益（運用）	$6,525	$6,960	$7,395	$7,830	$8,265	$8,700
利回り（運用）	1.28%	1.36%	1.45%	1.54%	1.62%	1.71%
累計損益（保険＋運用）	$407,887	$489,085	$527,510	$566,771	$606,979	$648,236
利回り（保険＋運用）	79.98%	95.90%	103.43%	111.13%	119.02%	127.11%

2052	2053	2054	2055	2056	2057	2058	2059
35	36	37	38	39	40	41	42
80	81	82	83	84	85	86	87
$1,000,000	$1,000,000	$1,000,000	$1,000,000	$1,000,000	$1,000,000	$1,000,000	$1,000,000

$154,000	$154,000	$154,000	$154,000	$154,000	$154,000	$154,000	$154,000
$2,300,351	$2,344,217	$2,388,031	$2,431,948	$2,475,310	$2,517,483	$2,558,293	$2,597,581
$1,300,351	$1,344,217	$1,388,031	$1,431,948	$1,475,310	$1,517,483	$1,558,293	$1,597,581
230.04%	234.42%	238.80%	243.19%	247.53%	251.75%	255.83%	259.76%
$29,610	$29,610	$29,610	$29,610	$29,610	$29,610	$29,610	$29,610
$3,229,589	$3,229,589	$3,229,589	$3,229,589	$3,229,589	$3,229,589	$3,229,589	$3,229,589

$356,000	$356,000	$356,000	$356,000	$356,000	$356,000	$356,000	$356,000
$890,000	$890,000	$890,000	$890,000	$890,000	$890,000	$890,000	$890,000
$534,000	$534,000	$534,000	$534,000	$534,000	$534,000	$534,000	$534,000
$13,350	$13,350	$13,350	$13,350	$13,350	$13,350	$13,350	$13,350

$62,745	$62,745	$62,745	$62,745	$62,745	$62,745	$62,745	$62,745
$13,350	$13,350	$13,350	$13,350	$13,350	$13,350	$13,350	$13,350
$6,000	$6,000	$6,000	$6,000	$6,000	$6,000	$6,000	$6,000

$62,310	$62,310	$62,310	$62,310	$62,310	$62,310	$62,310	$62,310

$435	$435	$435	$435	$435	$435	$435	$435
$15,225	$15,660	$16,095	$16,530	$16,965	$17,400	$17,835	$18,270
2.99%	3.07%	3.16%	3.24%	3.33%	3.41%	3.50%	3.58%
$1,315,576	$1,359,877	$1,404,126	$1,448,478	$1,492,275	$1,534,883	$1,576,128	$1,615,851
257.96%	266.64%	275.32%	284.02%	292.60%	300.96%	309.04%	316.83%

図表3-6　海外生命保険　加入後の利回り・年次早見表（3）

45歳　男性　非喫煙
必要資金510,000ドル（保険資金154,000ドル＋運用資金356,000ドル）＝5,865万円
死亡保障：3,229,589ドル（3億7140万円）　※1ドル115円換算

年	2046	2047	2048	2049	2050	2051
年数	29	30	31	32	33	34
年齢	74	75	76	77	78	79
保険料	$1,000,000	$1,000,000	$1,000,000	$1,000,000	$1,000,000	$1,000,000

保険

保険必要資金	$154,000	$154,000	$154,000	$154,000	$154,000	$154,000
解約返戻金	$2,034,368	$2,078,909	$2,123,429	$2,167,880	$2,212,198	$2,256,353
保険損益	$1,034,368	$1,078,909	$1,123,429	$1,167,880	$1,212,198	$1,256,353
解約返戻率	203.44%	207.89%	212.34%	216.79%	221.22%	225.64%
ローン利子支払額	$29,610	$29,610	$29,610	$29,610	$29,610	$29,610
死亡保険金	$3,229,589	$3,229,589	$3,229,589	$3,229,589	$3,229,589	$3,229,589

運用

運用必要資金	$356,000	$356,000	$356,000	$356,000	$356,000	$356,000
運用レバレッジ投資資金	$890,000	$890,000	$890,000	$890,000	$890,000	$890,000
レバレッジ金額（運用の借入金額）	$534,000	$534,000	$534,000	$534,000	$534,000	$534,000
レバレッジによる支払利息	$13,350	$13,350	$13,350	$13,350	$13,350	$13,350

受取利息合計

受取利息合計	$62,745	$62,745	$62,745	$62,745	$62,745	$62,745
カストディアン・フィー（残高に対するフィー）	$13,350	$13,350	$13,350	$13,350	$13,350	$13,350
BVI法人費用	$6,000	$6,000	$6,000	$6,000	$6,000	$6,000

コスト合計

総コスト（保険＋運用）	$62,310	$62,310	$62,310	$62,310	$62,310	$62,310

損益合計

損益／年	$435	$435	$435	$435	$435	$435
累計損益（運用）	$12,615	$13,050	$13,485	$13,920	$14,355	$14,790
利回り（運用）	2.47%	2.56%	2.64%	2.73%	2.81%	2.90%
累計損益（保険＋運用）	$1,046,983	$1,091,959	$1,136,914	$1,181,800	$1,226,553	$1,271,143
利回り（保険＋運用）	205.29%	214.11%	222.92%	231.73%	240.50%	249.24%

2066	2067	2068	2069	2070	2071	2072
49	50	51	52	53	54	55
94	95	96	97	98	99	100
$1,000,000	$1,000,000	$1,000,000	$1,000,000	$1,000,000	$1,000,000	$1,000,000

$154,000	$154,000	$154,000	$154,000	$154,000	$154,000	$154,000
$2,846,749	$2,887,356	$2,932,735	$2,985,695	$3,049,404	$3,128,456	$3,229,620
$1,846,749	$1,887,356	$1,932,735	$1,985,695	$2,049,404	$2,128,456	$2,229,620
284.67%	288.74%	293.27%	298.57%	304.94%	312.85%	322.96%
$29,610	$29,610	$29,610	$29,610	$29,610	$29,610	$29,610
$3,229,589	$3,229,589	$3,229,589	$3,229,589	$3,229,589	$3,229,589	$3,229,589

$356,000	$356,000	$356,000	$356,000	$356,000	$356,000	$356,000
$890,000	$890,000	$890,000	$890,000	$890,000	$890,000	$890,000
$534,000	$534,000	$534,000	$534,000	$534,000	$534,000	$534,000
$13,350	$13,350	$13,350	$13,350	$13,350	$13,350	$13,350

$62,745	$62,745	$62,745	$62,745	$62,745	$62,745	$62,745
$13,350	$13,350	$13,350	$13,350	$13,350	$13,350	$13,350
$6,000	$6,000	$6,000	$6,000	$6,000	$6,000	$6,000

$62,310	$62,310	$62,310	$62,310	$62,310	$62,310	$62,310

$435	$435	$435	$435	$435	$435	$435
$21,315	$21,750	$22,185	$22,620	$23,055	$23,490	$23,925
4.18%	4.26%	4.35%	4.44%	4.52%	4.61%	4.69%
$1,868,064	$1,909,106	$1,954,920	$2,008,315	$2,072,459	$2,151,946	$2,253,545
366.29%	374.33%	383.32%	393.79%	406.36%	421.95%	441.87%

図表3-6　海外生命保険　加入後の利回り・年次早見表（4）

45歳　男性　非喫煙
必要資金510,000ドル（保険資金154,000ドル＋運用資金356,000ドル）＝5,865万円
死亡保障：3,229,589ドル（3億7140万円）　※1ドル115円換算

年	2060	2061	2062	2063	2064	2065
年数	43	44	45	46	47	48
年齢	88	89	90	91	92	93
保険料	$1,000,000	$1,000,000	$1,000,000	$1,000,000	$1,000,000	$1,000,000

保険

保険必要資金	$154,000	$154,000	$154,000	$154,000	$154,000	$154,000
解約返戻金	$2,635,281	$2,671,431	$2,706,182	$2,739,779	$2,773,937	$2,809,317
保険損益	$1,635,281	$1,671,431	$1,706,182	$1,739,779	$1,773,937	$1,809,317
解約返戻率	263.53%	267.14%	270.62%	273.98%	277.39%	280.93%
ローン利子支払額	$29,610	$29,610	$29,610	$29,610	$29,610	$29,610
死亡保険金	$3,229,589	$3,229,589	$3,229,589	$3,229,589	$3,229,589	$3,229,589

運用

運用必要資金	$356,000	$356,000	$356,000	$356,000	$356,000	$356,000
運用レバレッジ投資資金	$890,000	$890,000	$890,000	$890,000	$890,000	$890,000
レバレッジ金額（運用の借入金額）	$534,000	$534,000	$534,000	$534,000	$534,000	$534,000
レバレッジによる支払利息	$13,350	$13,350	$13,350	$13,350	$13,350	$13,350

受取利息合計

受取利息合計	$62,745	$62,745	$62,745	$62,745	$62,745	$62,745
カストディアン・フィー（残高に対するフィー）	$13,350	$13,350	$13,350	$13,350	$13,350	$13,350
BVI法人費用	$6,000	$6,000	$6,000	$6,000	$6,000	$6,000

コスト合計

総コスト（保険＋運用）	$62,310	$62,310	$62,310	$62,310	$62,310	$62,310

損益合計

損益／年	$435	$435	$435	$435	$435	$435
累計損益（運用）	$18,705	$19,140	$19,575	$20,010	$20,445	$20,880
利回り（運用）	3.67%	3.75%	3.84%	3.92%	4.01%	4.09%
累計損益（保険＋運用）	$1,653,986	$1,690,571	$1,725,757	$1,759,789	$1,794,382	$1,830,197
利回り（保険＋運用）	324.31%	331.48%	338.38%	345.06%	351.84%	358.86%

必要があり、日本で一般的に行われる検査項目に加えて、トレッドミルと呼ばれるランニングマシーンを歩いたり走ったりして心拍数を調べる検査も行われる。ただこの検査結果を恐れる必要はそれほどないだろう。癌の病歴のある人でも手術後5年再発していなければ原則的には加入できるし、3年前に脳腫瘍の手術を経験していたのに、すでに完治しているということで加入できた人もいる。その意味では、日本の一般的な保険よりも病歴に対して寛容かもしれない。

健康診断を受けるためになぜわざわざ海外まで行くのかといえば、日本の病院が実施する健康診断の信頼性が海外保険会社から見ると低いのもさることながら、健康診断と、これにパスした後の加入契約がセットになっているからでもある。こうした検査の受診費用（往復のフライト代と宿泊費含む）は保険会社が負担してくれるため、顧客が払う必要はない。

なお、ここで紹介したスギヤマスペシャル〈プラン1〉にも、他の海外の資産運用商品と同様の一般的なリスク（為替リスク、債券価格の変動リスク、保険会社の破綻リスクなど）は存在する。もちろん私がこの運用法を顧客に勧める際には、これらすべてのリスクの可能性について事前に説明し、納得いただいた上で進めていることをお断りしておく。

ところで、〈プラン1〉に必要な費用をまとめた92ページの記述に関して、[4]として挙げた口座管理のための手数料、すなわち年間1万3350USドルが「高すぎるのではないか」と思った方もいるかもしれない。だが、実は日本の金融機関のビジネスモデルと比べればはるかに良心的だ。

第1章でも少し触れたことだが、大事なことなのでここでもおさらいしておきたい。日本の金融機関の場合、顧客から徴収する「アップフロント・フィー」(1回の売り買いで発生する販売手数料)に大きく依存するビジネスモデルが一般的であるのに対して、海外のプライベートバンクはこうした販売手数料をほとんど取らず、その代わりに、「アカウント・マネジメント・フィー」や「カストディアン・フィー」と呼ばれる年間口座管理フィーを運用残高に対して一律のパーセンテージでチャージする。このチャージの中に、全ての売買手数料などのフィーが含まれている(これをオール・イン・チャージと呼ぶ)。このビジネスモデルの違いが、両者の顧客への向き合い方にも本質的な違いを生んでいる。

販売手数料が収益のメインとなる日本の金融機関の場合、いかに顧客の運用を売買する、か、で金融マンの成績が上下する。

一般にマーケットが「上昇相場」になるとどの銘柄も軒並み上がっていくので、投資家たちは、「いまもっている銘柄より高い銘柄へ」「さらに高い銘柄へ」と乗り換えを繰り返すことになる。この1回ごとの乗り換えでも毎回手数料が発生するので金融機関としては大いに儲かるのだが、顧客は必ずしも儲かるとは限らない。果てしない乗り換えの最終局面では「高値掴《づか》み」させられ、買った銘柄を塩漬けにせざるをえなくなるケースが多いほか、乗り換えのたびに金融機関からけっこうな額の販売手数料を取られているからだ。

こうした金融機関Win－顧客Loseの関係は、その後にやってくる下落相場でも変わらない。金融機関の側は「（塩漬けになっている）この銘柄をいつまでも持っていてもしょうがありません。成長している新興国の商品に替えましょう」などと言っては、「損切り」あるいは「目先を変える」名目でさらに乗り換えさせようとする。だがこれも結局は、売買手数料を主たる収益源としている彼ら販売サイドに都合のいい理屈だ。

このように顧客の資産が常に販売サイドの目線で運用されていくわけだから、顧客は自分の資産形成をする上で、金融機関から足を引っ張られているに等しい。

私が過去に在籍していた日本の金融機関にも、「顧客からもらう手数料が、顧客の利益を超えてはならない」といった内部ルールがあった。だがこれは裏返せば、顧客の利益を上回らないラインまでは売買させてもいい」という暗黙の了解にほかならない。

だいたい、その社内ルールでさえ実際はかなり形骸《けいがい》化していた。たとえ営業マンが誘いかけた乗り換えであろうと、「顧客自身が希望している」ことにする体裁を整え、顧客が知らないところで行われる社内手続きさえクリアしてしまえば、手数料が顧客の利益を上回るオーダーであろうと通ってしまうのがほとんどだったのだ。

だから日本の金融マンが顧客に向かって言う「売り時」が、本当にマーケットのタイミングに合致した売り時かどうかはわからない。彼ら販売サイドから見て手数料を稼がなければならない時であったり、ノルマをこなさなければいけないタイミングにすぎないかもしれないのだ。

こうした構造上の問題があるがゆえに、日本の投資家はネット証券などを通じて自己責任で運用している人以外は、途中までは儲かっていても最終的には損失を抱えることになりかねない。

これに対して収益構造がこれと根本的に異なる海外のプライベートバンクの場合は、「顧客の残高を増やすことが、すなわち自社の収益につながる」という意識をどのバンカーも共有している。だから売買を勧めるのは本当にマーケットに変化があった時にアセット・アロケーション（資産配分）を変える目的でやる程度であり、売り買いのアドバイスはあくまでマーケットのタイミングを見て行う。それゆえに中長期投資という資産形成の基本原則を実現でき、顧客の利益を伸ばし、顧客とＷｉｎ－Ｗｉｎの関係になれる、というわけである。

スギヤマスペシャルの〈プラン2〉とは

さて、ここまで述べてきたように、「保険＋運用」を組み合わせたスキームは富裕層が資産形成をする上で最適であるのは間違いないのだが、そうはいってもたくさんいる顧客の中には先に述べたような理由で生命保険加入への関心が薄く、「資産運用だけをやりたい」と望む人もいる。プライベートバンカーの使命が顧客の要望に沿うことである以上、そうした要望にも最善のソリューションで応える義務がある。

そこでここからは、そうした運用に特化したスキーム、すなわちスギヤマスペシャルの〈プラン2〉について説明していきたい。〈プラン2〉には、以下のようなバリエーションがある。

1・レバレッジでファンド運用を行う

数ある運用に特化したスキームでも、最もシンプルかつ確実なものとなると、やはりすでに説明したハイイールド債ファンドを購入しそれにレバレッジを効かせて運用する方法、ということになるだろう。これは単純に、スギヤマスペシャルの〈プラン1〉（保険＋ファンド運用スキーム）からファンド運用だけを切り離したもので、すでに【図表3－4】でも見たように、元本変動要因はあるものの10・13％の利回りが確保できる。

実は、もともとこのスキームは、プ、ラ、イ、ベ、ー、ト、バ、ン、ク、の、側、が〈プラン1〉において保険の融資利息を確実に回収したいがために考案したものである。ということは裏返せば、このファンド運用ポートフォリオは、それほど確実に利回りが確保できる運用でもあるというわけだ。

そもそもファンドという商品は、債券のように単品銘柄ではなく、ものによっては、一つのファンドで1000銘柄以上を組み合わせたものもあるほどでリスクは分散されている。それをさらに5本組むのであるから、安定的な利回りがあるメリットに加えて元本変動リスクもあらかじめ回避されているということになる。

またこの場合は、日本の保険業法の規制に抵触するリスクがないので、保険加入にあたって必要だったオフショア法人を設立し、その名義で投資する必要がない。そのおかげでオフショア法人設立維持にかかるコストが省けるほか、個人名義での投資も可能である。

2・レバレッジで債券運用を行う

というわけで、レバレッジ・ファンド運用は銘柄の分散効果が働いておりリスク分散の観点からも推奨できるのだが、顧客によっては個別の債券への投資を好むこともある。

債券の場合は株と違って、国、企業、自治体など発行している主体が破綻しない限り、満期まで保有していれば額面金額の償還が約束されている。プライベートバンカーから見れば、どこが発行していようと単独銘柄である時点でそれなりにリスクを内包しているのだが、やはり「元本保証」という言葉には日本の投資家にとって抗《あらが》いがたい吸引力があるようだ。

これをレバレッジなしで購入する顧客もいれば、先ほどのレバレッジ・ファンド運用と同様、レバレッジを効かせて利回りを上げたうえで購入する顧客もいる。しかしどちらを選ぶにせよ、運用するのが一銘柄だけだとその発行主体が破綻してしまった場合のリスクが大きすぎるし、レバレッジを効かせている場合は分散したほうが利回りの効果は強まる。したがってプライベートバンクの債券運用では、少なくとも5銘柄以上を組み合わせてポートフォリオを組み立てるのが普通だ。

ただし2018年1月現在の債券の市況は、はっきり言って芳しくない。利回り6～7%の債券が、レバレッジを効かせても7・5%程度にしかならないのだ。【図表3－7】は債券をUSドル建て、またはユーロ建てで発行している日本企業の一覧であり、運用に際してはこれらの銘柄から最低5本を組み合わせることになるのだが、どの銘柄を見ても、利回りは概して4～6%台と低い水準に留まっている。

また、これらの銘柄をプライベートバンクを介さず日本国内の金融機関から買うことも可能だが、その場合は当然ながらレバレッジを効かせることはできないし、レバレッジを無視しても、単純に販売手数料を差し引かれるせいでかなり利回りは下がってしまう。

たとえば【図表3－7】の一番上に記したソフトバンクのドル建て債券の利回りはプライベートバンクから購入すれば6・4％だが、この同じ債券を日本の証券会社から購入すると、価格に手数料が内包されているため利回りは5・6％程度になってしまうのである。

3・レバレッジでDCD運用を行う

その他には、DCD（Dual Currency Deposit＝二重通貨建て預金。別名「仕組預金」）と呼ばれる、「為替とデリバティブ（金融派生商品）を組み合わせたような性格をもつ預金」に対してレバレッジをかける運用法もある。

預金者が自分のお金を銀行に一定期間預け、それにより利息を受け取るという点ではDCDも普通の預金と何ら変わらないが、DCDの場合は預金開始時に一定の条件を定め、預金開始時の円ドル換算レートと、満期を迎えた時点でのレートの差によっては元本割れするリスクがあるために通常よりも高い利息が設定されている。為替相場は先の未来になるほど予測が難しくなるため、預ける期間が長いほどもらえる利息も大きくなる。

【図表3－8】は、この具体的な仕組みを示すために全国銀行協会で使用されている概念図

日本企業が発行している債券の利回りは平均して4～6％台に留まることがわかる。

直利	種類	次回満期日	価格	利回り	格付	最低投資金額	発行日
6.875	Subordinated	19-Jul-27	103.43	**6.40**	B+	**20万ドル**	12.07.2017
6	Subordinated	19-Jul-23	100.25	**5.95**	B+	**20万ドル**	12.07.2017
5.125	Sr Unsecured	21-Jun-27	100.00	**5.12**	BB+	**20万ドル**	11.09.2017
4.75	Sr Unsecured	21-Jun-24	100.05	**4.74**	BB+	**20万ドル**	11.09.2017
6	Sr Unsecured	30-Apr-25	109.00	**4.58**	BB+	**20万ドル**	22.07.2015
4	Subordinated	14-Sep-27	98.00	**4.25**	A-	**20万ドル**	07.09.2017
5.375	Sr Unsecured	30-Apr-22	105.00	**4.16**	BB+	**20万ドル**	22.07.2015
4	Jr Subordinated	24-Jul-26	99.50	**4.07**	A-	**20万ドル**	13.07.2016
4	Sr Unsecured	21-Jun-29	100.05	**4.03**	BB+	**10万ユーロ**	12.09.2017
4.7	Subordinated	20-Jan-26	104.76	**4.02**	A-	**20万ドル**	13.01.2016
5.1	Subordinated	16-Oct-24	107.62	**3.85**	A-	**20万ドル**	09.10.2014
5	Subordinated	18-Oct-22	106.09	**3.66**	A-	**20万ドル**	11.10.2012
5.25	Sr Unsecured	30-Apr-27	113.70	**3.58**	BB+	**10万ユーロ**	22.07.2015
3.477	Sr Unsecured	–	101.18	**3.32**	A	**20万ドル**	05.04.2016
3.663	Sr Unsecured	–	102.86	**3.31**	A	**20万ドル**	22.02.2017
3.125	Sr Unsecured	21-Jun-25	100.27	**3.11**	BB+	**10万ユーロ**	12.09.2017
4.5	Sr Unsecured	–	103.63	**2.99**	BB+	**20万ドル**	18.04.2013
2.953	Sr Unsecured	–	101.03	**2.70**	A	**20万ドル**	22.02.2017
2.25722	Sr Unsecured	–	100.73	**2.12**	A	**20万ドル**	22.02.2017
2.45667	Sr Unsecured	–	101.53	**2.09**	A	**20万ドル**	07.09.2016
4	Sr Unsecured	30-Apr-22	109.54	**1.82**	BB+	**10万ユーロ**	22.07.2015

図表3-7　日本企業が外貨建てで発行している債券一覧

地域	ハイイールド債 (HY) もしくは投資適格債 (IG)	通貨	名前	銘柄
ASIA PACIFIC	HY	USD	ソフトバンクグループ	SOFTBK 6 7/8 PERP
ASIA PACIFIC	HY	USD	ソフトバンクグループ	SOFTBK 6 PERP
ASIA PACIFIC	HY	USD	ソフトバンクグループ	SOFTBK 5 1/8 09/19/2
ASIA PACIFIC	HY	USD	ソフトバンクグループ	SOFTBK 4 3/4 09/19/2
ASIA PACIFIC	HY	USD	ソフトバンクグループ	SOFTBK 6 07/30/25
ASIA PACIFIC	IG	USD	住友生命保険	SUMILF 4 09/14/77
ASIA PACIFIC	HY	USD	ソフトバンクグループ	SOFTBK 5 3/8 07/30/2
ASIA PACIFIC	IG	USD	第一生命保険	DAIL 4 PERP
ASIA PACIFIC	HY	EUR	ソフトバンクグループ	SOFTBK 4 09/19/29
ASIA PACIFIC	IG	USD	日本生命保険	NIPLIF 4.7 01/20/46
ASIA PACIFIC	IG	USD	日本生命保険	NIPLIF 5.1 10/16/44
ASIA PACIFIC	IG	USD	日本生命保険	NIPLIF 5 10/18/42
ASIA PACIFIC	HY	EUR	ソフトバンクグループ	SOFTBK 5 1/4 07/30/2
ASIA PACIFIC	IG	USD	みずほフィナンシャルグループ	MIZUHO 3.477 04/12/2
ASIA PACIFIC	IG	USD	みずほフィナンシャルグループ	MIZUHO 3.663 02/28/2
ASIA PACIFIC	HY	EUR	ソフトバンクグループ	SOFTBK 3 1/8 09/19/2
ASIA PACIFIC	HY	USD	ソフトバンクグループ	SOFTBK 4 1/2 04/15/2
ASIA PACIFIC	IG	USD	みずほフィナンシャルグループ	MIZUHO 2.953 02/28/2
ASIA PACIFIC	IG	USD	みずほフィナンシャルグループ	MIZUHO 0 02/28/22
ASIA PACIFIC	IG	USD	みずほフィナンシャルグループ	MIZUHO 0 09/13/21
ASIA PACIFIC	HY	EUR	ソフトバンクグループ	SOFTBK 4 07/30/22

図表3-8　DCD（仕組預金）の仕組み

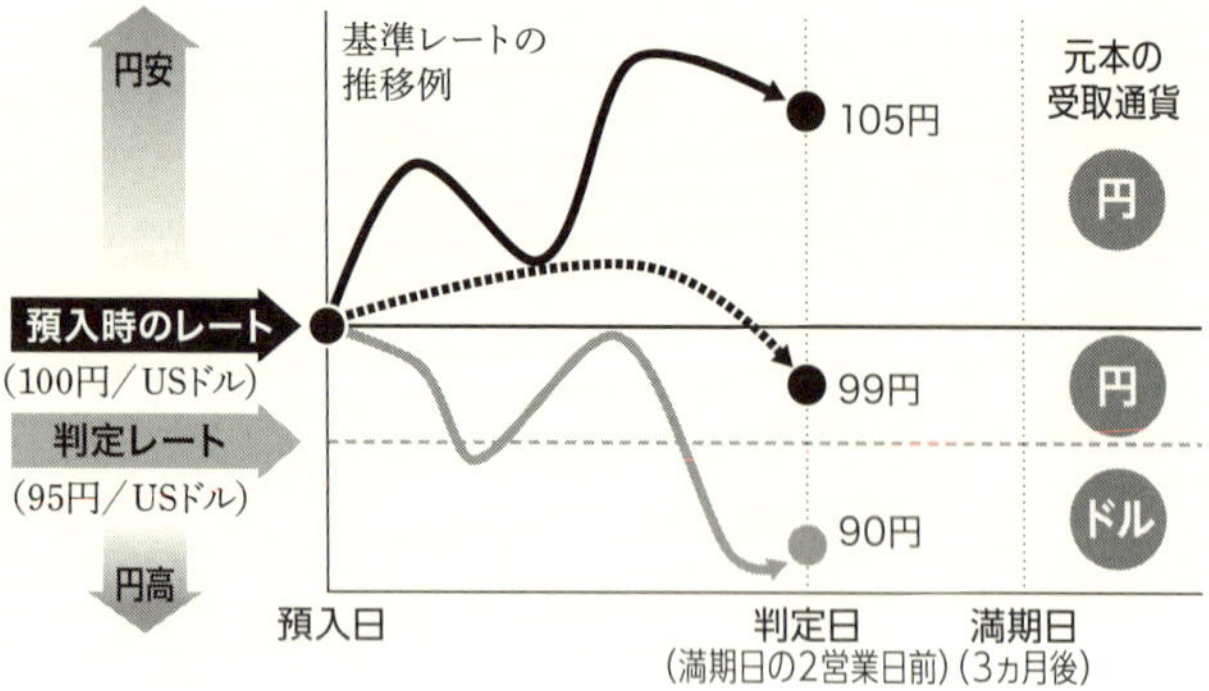

※外貨での受け取りになった場合は、元本は予め定められた判定レートにて外貨に転換される

決められた期日に自分の設定した判定レートより円安であれば、普通の預金利息より高い利息がもらえる。逆に円高であれば、元本通貨をドルに換えるので同じように高い利息がもらえる。（全国銀行協会の図をもとに作成）

に準拠して作成したものだ。この図のモデルケースにおいては、預金者は自分のお金を円で3ヵ月預けることになっており、預金開始時点での円ドル換算レートは「1ドル100円」。預金者が任意で設定できる判定レートは「1ドル95円」に設定されている。

約3ヵ月後にやってくる「判定日」（図では満期日の2営業日前）の時点で、為替レートが自分の設定した判定レートよりも円安になっていた場合は元本を円で受け取り、逆に円高になっていた場合はドルで受け取ることになる（利息に関しては為替が円高、円安のどちらに振れていようと円で受け取る）。円高になった場合は元本がドルで返されるので、円に換金した場

合の資産は当然目減りしているということになる。

なお【図表3－8】は具体的な運用（預金）額について記載がなく、また預ける期間が3ヵ月と、プライベートバンクの通常の運用よりもずいぶん長いので、もう少し具体的なケースで見ていくことにしよう。【図表3－9】は、プライベートバンクが実際に顧客から預かった資金をDCDで運用した際の申込資料であり、このケースでは、プライベートバンクの顧客が1億1100万円（100万ドル）を2017年10月18日から同23日までの1週

図表3-9
DCDで10倍レバレッジで1週間運用した場合（日本円／USドル）

商品	DCD（仕組預金）
金額	1億1,100万円
対象通貨	日本円－USドル
期間	1週間（7日）
現在価格	112円
判定価格	111円
利息	8.5％／年率

ケース1

判定レートが111.222円の場合
元本＋利息＝111,183,458円
損益：＋183,458円

ケース2

判定レートが110.9084円の場合
元本＋利息＝111,091,706円
損益：＋91,706円

ケース3

判定レートが105.45円の場合
元本＋利息＝105,624,285円
損益：－5,375,715円

間銀行に預けている。預金開始時点での為替レートは1ドル112円で、判定レートは111円と設定。利息は年率では8・5％だが、実際に預けるのは7日間だけなので、実際にもらえる利息は銀行の計算による利息分などで18万3458円になる。

この投資で起こりうる結果を、その後の為替変動パターンによってさらに3タイプにシミュレーションしてみよう。【図表3-9】の〈ケース1〉は10月23日時点での為替レートが「1ドル111円」から動かなかったパターンで、この場合は預けた元本の1億1100万円がそのまま戻ってくるほか、利息として18万3458円が入ってくる。1週間で18万3458円が利益となるわけだ。

〈ケース2〉は、為替レートが110円90銭と111円を割りこんでしまった場合で、ここでは円元本が元本割れしてしまう。ただし〈ケース1〉と同じく18万3458円は入ってくるため、差し引きすれば9万1706円のプラスとなる。

〈ケース3〉は、1ドル105円45銭と、1週間の間に為替レートが大きく円高に振れた場合であり、この場合は1億1100万円だった円元本は1億562万円と大きく目減りしてしまう。この場合も貰える利息は18万3458円と変わらないが、これで穴埋めしてもトータルでは537万5715円損したことになってしまうのだ。

一般的にDCDにはこのようなリスクがあるとされ、為替相場の動きに細心の注意を払って行う必要があるといわれている。

ただ、ＤＣＤの「円元本割れ」のリスクは資産を円で保有することにこだわる人にとっては深刻だが、富裕層にとっては必ずしもリスクとは言えない面もある。こうした人々は自分の資産をすべて円で保有する必要はなく、一部ならドルで保有しても構わない。だからＤＣＤに投資して結果的に円高に振れてしまったら、しばらくドルのまま元本を保有し、為替が円安に切り替わったときに円に換金するということができる。また劣後債（一般債権者よりも債務の弁済が後回しになる社債。同じ会社が発行する通常の債券よりも高い利率が設定される）にしてもハイイールド債にしても、利回りの高い金融商品はドル建てのもののほうが多いので、元本がドルで戻ってきた場合は、それを元手に債券やファンドを５本買う、という運用をやっている人は少なくない。

このＤＣＤによる運用を国内で行うことも当然できるが、同じことを海外のプライベートバンクを通じて行えば、「最大で10倍」という超強力なレバレッジをかけることができる、というのが何より決定的な違いである。

ＤＣＤは日本国内では投機性の高いリスキーな商品というイメージが強いが、海外のプライベートバンクから見れば元来が預金であり、いま述べたような性質もあるため90％というごく高い担保価値を有している。したがって預金期間を為替予測の見通しが立ちやすい1週間程度に設定し、判定レートも預金時点の為替レートに近いレートで設定しておくなどあらかじめリスク回避をしておけば、大きなレバレッジを働かせて巨額を投じることができるし、その結果大きな利回りを得ることも可能になる。

では、DCDをレバレッジをかけて行うとどうなるか見てみよう。【図表3－10】は実際に10倍のレバレッジをかけてDCDを運用した場合のモデルケースだが、見ての通り、受取利息はレバレッジをかけずに運用したケース（【図表3－11】参照）の10倍の183万4580円となっている。10倍のレバレッジをかけるためにプライベートバンクの側も9億9900万円を融資しているが、この借入利息21万6496円をDCDの受取利息から差し引いても、161万8084円が手元に残る計算になる。

週間利回りの率で見ても【図表3－11】のケースが0・17％であるのに対して【図表3－10】のケースでは1・46％と、その差は歴然としている。1年は約52週であるから、1週間で1・46％の利回りということは年利回りでは75％強に達することになる。

もちろん現実には毎週のようにこのDCDに投資し続けるということはなく、アメリカ大統領選挙など国際政治上の波乱が起きやすい時期は避けつつ、為替相場のトレンドが読みやすいタイミングを選んで慎重に投資していくことにはなるのだが、そうしたタイミングをうまく捉えられるならば有効な投資手法であることは間違いない。

図表3-10　DCDで10倍レバレッジをかけて1週間運用した場合（日本円／USドル）

必要投資資金			**¥111,000,000**
借入資金			¥999,000,000
総投資金額			**¥1,110,000,000**

銘柄名				金額	年率利回り	受取利息	
DCD（日本円／USドル）				¥1,110,000,000	**8.50％**	**¥1,834,580**	／週

融資				融資総額	借入金利	支払利息	
借入資金				¥999,000,000	1.13％	¥216,496	／週
融資総額				¥999,000,000			

銀行チャージ					年率チャージ	口座管理金額	
口座管理フィー					0.00％	¥0	／週

純利益					週純利回り	純利益	
年間純利益					**1.46％**	**¥1,618,084**	／週

年率利回り	**75.08％**

図表3-11　DCDでレバレッジなしで1週間運用した場合（日本円／USドル）

必要投資資金			¥111,000,000
借入資金			¥0
総投資金額			¥111,000,000

銘柄名				金額	年率利回り	受取利息	
DCD（日本円／USドル）				¥111,000,000	8.50％	¥183,458	／週

融資				融資総額	借入金利	支払利息	
借入資金				¥0	0.00％	¥0	／週
融資総額				¥0			

銀行チャージ					年率チャージ	口座管理金額	
口座管理フィー					0.00％	¥0	／週

純利益					週純利回り	純利益	
年間純利益					0.17％	¥183,458	／週
					年率利回り	8.50％	

また、いくら短期間での予想とはいっても10倍ものレバレッジをかけるとなるとそれなりのリスクは生じるものなので、私の顧客にもこの運用法を選択する人はそれほど多いわけではない。だがこの運用法がすこぶる気に入ってしまい、これで大きな利益を得ている顧客がいるのも事実である。

ちなみに、預金および預金型の金融商品でプライベートバンクの口座管理フィーがかかることは通常はない。預金型商品に属するＤＣＤに関しても、このコストはゼロである。

4・一任勘定運用（ディスクレッショナリー・ポートフォリオ運用）

プライベートバンクでは、顧客がポートフォリオの組み立てから運用までをプライベートバンクのファンドマネージャーに一任することもでき、こうした運用の仕方は「ディスクレッショナリー・ポートフォリオ運用」（ディスクレッションとは、「自由裁量」の意）と呼ばれる。日本語では「一任勘定運用」と訳されるものだ。

プライベートバンカーの業務は「強力なスキームの考案」に年々傾く方向にあるが、もともとプライベートバンカーの腕の見せ所といえば、こうしたオーダーメイドの注文に応え、「プロならでは」のポートフォリオをいかに作成するかという職人芸にあった。現在でもレバレッジを効かせることのできない日本国内のプライベートバンクには、こうした運用に軸足を置いているところも多い。

ただいくら「オーダーメイド」といっても、服を仕立てる職人がそうであるようにプライベートバンカーもベースとするモデルは持っており、あまりリスクを取りたくない人向けの「コンサバティブ（保守的）運用」のほか、積極的にリスクを取りハイリターンを狙いに行く「アグレッシブ（積極的）運用」、そしてその中間に位置し、リスクとリターンのバランスが最も取れている「バランス（安定的）運用」の3タイプがそれにあたる。

もちろん実際の業務ではこの3タイプに限らず、ファンドマネージャーとのディスカッションを経て顧客の個人的な要望により深いレベルで対応していくことも可能だが、本書ではとりあえず、全ての基本となる「バランス（安定的）運用」をモデルにしながら解説することとしたい。

以下に示した3枚の図は、ある顧客の資産運用の仕方をいくつかの角度から眺めた「運用の解剖図」であり、同時に投資のプロがリスクとリターンのバランスの取れた運用をするために作った「運用の設計図」でもある。まずは【図表3－12】を見ていただきたい。

ここには3つの円グラフが並べられているが、一番左にある「資産配分」というグラフは、顧客の持つ資産の配分比率を示したものだ。52％が株式（Equity）で、30％が債券（Fixed income）、12％がオルタナティブ（Alternatives＝金融用語としてのオルタナティブは「代替

図表3-12　一任勘定運用（バランス型）の例　その1

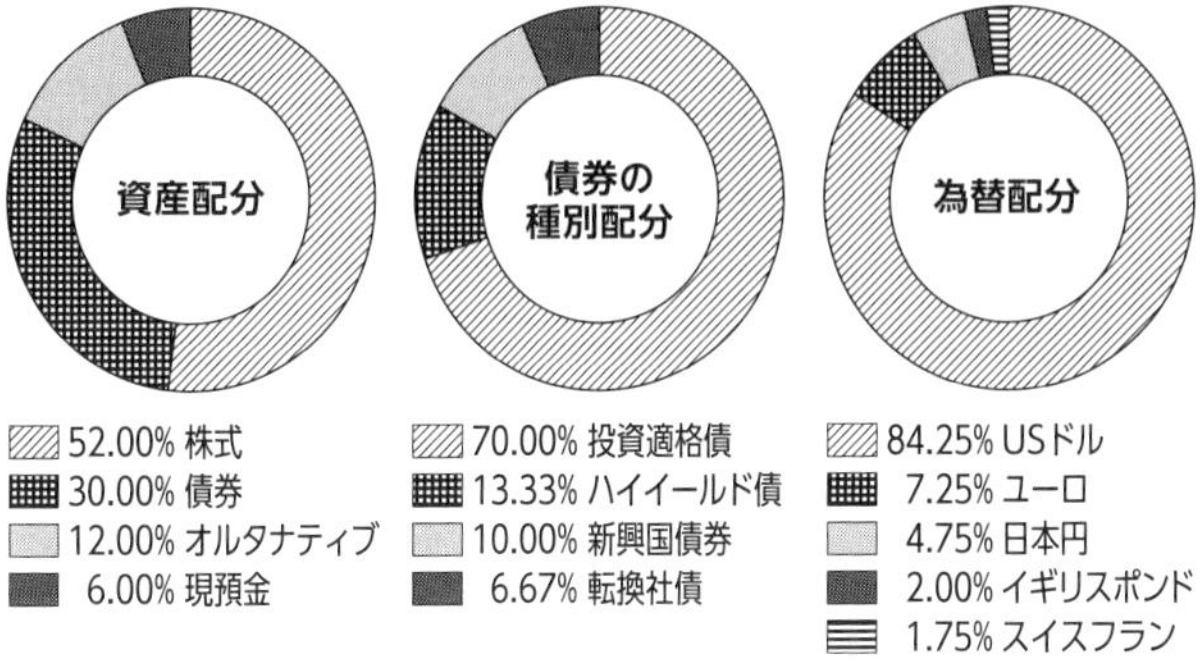

リスクとリターンのバランスを考量して作成された運用の設計図。

商品」という意味で、具体的には金や原油、リートを含む不動産、ヘッジファンドなども含まれる）、6％が現金（Cash）で構成されている。このポートフォリオが、コンサバティブになると債券の比率が多くなったり、アグレッシブでは、株式やオルタナティブの比率が多くなったりするのである。

「債券の種別配分」と書かれた真ん中の円グラフは、左の円グラフ中にある債券についての配分比率をさらに詳しく示したもので、70％が投資適格債（BBB以上の債券）、13・33％がハイイールド債（BB以下の債券）、10％が新興国債券、6・67％が転換社債型新株予約権付社債（発行時に決められた条件で、いつでも株式に転換することのできる社債）であることを示している。これがコンサバティブだと投資適格債の比率が多くなり、アグレッシブでは、ハイイールド債や新興国債券や転換社債型新株予約権付社債の比率が多くなる。

一番右の「為替配分」は、この資産を通貨別に配分した場合の比率を示しており、USドルが84・25%、ユーロが7・25%、日本円が4・75%、ポンドが2%、スイスフランが1・75%となっている。この比率は、コンサバティブでもアグレッシブでもほとんど変わらない。ちなみに筆者の資産配分比率はUSドル58・7%、スイスフラン32%、ユーロ4・5%、豪ドル2・8%、日本円が2%といった具合である。

【図表3-13】は、この資産中にある株式の地域別配分を示したもので、半分以上をアメリカを中心とした北米地域の株が占めている。中国や東南アジア各国の著しい成長を反映した結果、日本を除くアジアの比率がヨーロッパと同じくらいの配分になっているのが最近のポートフォリオの特徴である。

最後の【図表3-14】は、この人の持っている資産の

（単位：%）

2013年	2014年	2015年	2016年	2017年1月~10月	運用開始時から現在までのリターン
10.19	2.16	-2.05	4.27	5.87	37.50
6.89	5.29	-3.82	2.49	4.41	8.98
7.43	5.33	3.72	3.41	2.48	30.84
---	1.01	-1.71	12.34	2.70	14.55
9.18	7.87	1.07	4.07	2.93	59.80

図表3-13　一任勘定運用の例　その2

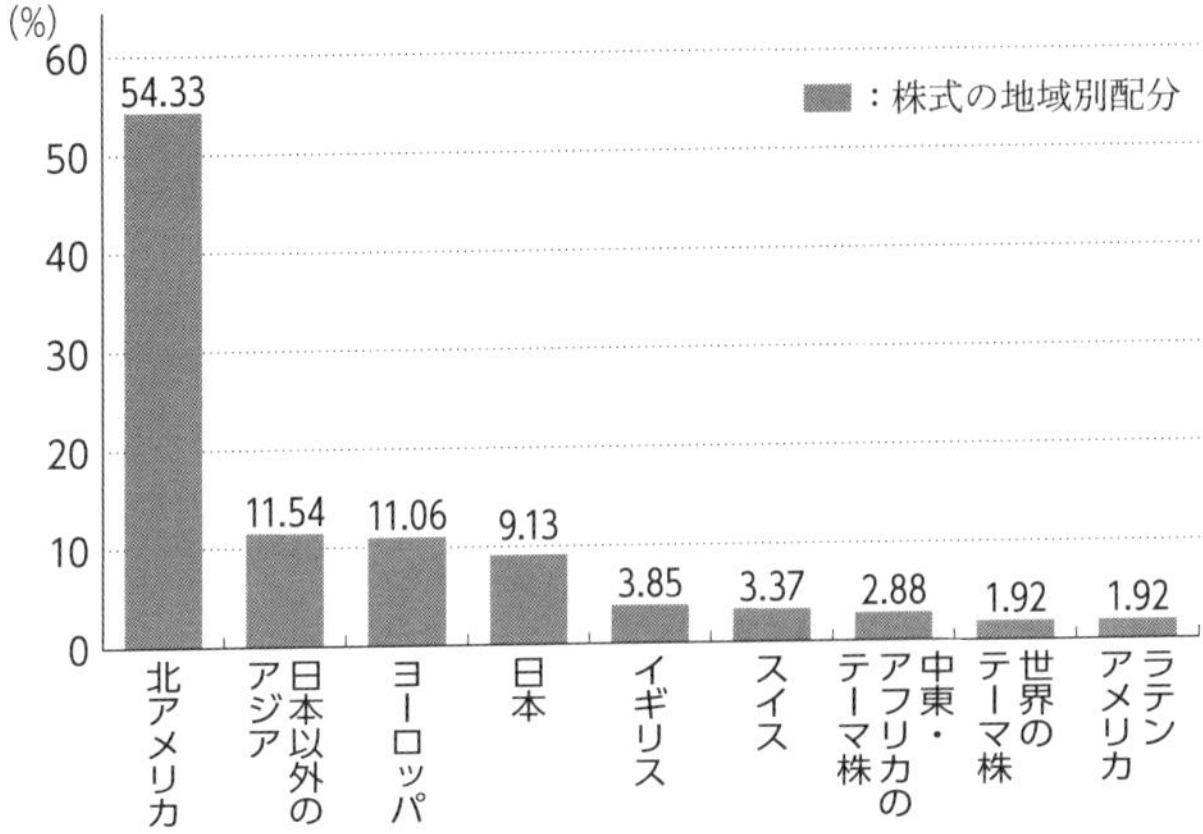

運用の中の株式の地域別投資内訳。

図表3-14　一任勘定運用の例 その3

通貨＼年	2007年	2008年	2009年	2010年	2011年	2012年
USドル	6.91	−23.42	10.48	6.76	−10.42	8.80
スイスフラン	2.05	−23.96	9.27	0.97	−15.48	6.99
ユーロ	2.12	−22.23	10.14	5.08	−11.63	8.15
ポンド	---	---	---	---	---	---
スウェーデンクローナ	5.06	−18.91	13.50	9.30	−12.42	9.11

通貨別の運用パフォーマンス。

通貨別での運用パフォーマンスを年度ごとにまとめたものである。見ての通り、リーマン・ショックがあった2008年や、ギリシャ危機を発端とする欧州債務危機のあった2011年はどの通貨も軒並みマイナスになっているが、このポートフォリオの運用開始から現在までのパフォーマンス（一番右）を通して見ると、USドル37・50%、スイスフラン8・98%、ユーロ30・84%、ポンド14・55%、スウェーデンクローナ59・80%と、通貨によってかなりの差が出ていることがよくわかる。

この運用が、前述したハイイールド債によるファンド運用、あるいは債券での運用などと大きく異なるのは、この運用では株式やオルタナティブ商品といったリスク資産にも投資することになる、ということだ。だが、これらハイリスク・ハイリターンな商品を組みこんだ分散投資をすることで、全体としては運用パフォーマンスが上がる一面もあるので、このディスクレッショナリー・ポートフォリオを好む顧客層もいる。

またこの運用は、プライベートバンクのファンドマネージャーが自ら運用するものであるため、この運用ポートフォリオを担保とした場合は、他の商品よりも担保価値が高くなるという特質もある。したがってこの運用を担保にレバレッジをかけることも当然できるわけである。

コラム2　オフショア法人を活用した資産運用法

ここでは、第3章で紹介した一連の運用を行う上で大いに役に立つオフショア法人について若干の補足説明をしたい。まず「オフショア法人」とはどういうものか、改めて説明しておくことにしよう。

一般にオフショア法人はタックスヘイブンと混同されがちだが、タックスヘイブンとは、主に法人税率が20％未満の租税回避地のことを指す。元々は天然資源に乏しく、観光くらいしかめぼしい産業がない島国が、外国企業を招き外貨を獲得する手段として法人税率を低くしたのがルーツだが、「法人税率が20％未満」という定義にしたがえば、香港やシンガポール、モナコなどもタックスヘイブンに含まれる。オフショア法人とは、こうした税率の低い国のほか、法人税非課税のＢＶＩ（イギリス領ヴァージン諸島）やケイマン諸島、バミューダ諸島などに登記されている法人のことである。

第3章に登場した「保険＋運用」のスキームを行う上では、海外保険会社が日本居住者に対して、オフショア法人を設立し、その法人名義で保険加入契約をするよう求めているので、オフショア法人の設立は必須だった。

一方、運用だけのスキームは個人名義でもできるので、オフショア法人をどうしても設立しないといけないということはない。だがこの場合も、オフショア法人を作っておく意味は決して小さいものではない。

税制上の優遇措置を合法的に受けるには

私は税務コンサルタントではないので、以下はあくまで一般論として述べるにすぎないし推奨しているわけでもないが、オフショア法人を設立することで、税制上の優遇措置を、法律に抵触することなく受けられる可能性があるのだ。

たとえば、日本ではスイスやシンガポールや香港などとちがって個人が運用によって得た利息や値上がり益（キャピタルゲイン）は、そのままでは課税の対象になる。だが海外にオフショア法人を設立してうまく利用すれば、単純に個人として資産運用していた時よりも税効果を得ることができる。

ここにAさんという投資家がいるとしよう。Aさんは日本国内に資産管理会社B社を立ち上げる。B社には設立時の費用や交際費、物品費など諸々の経費が発生するが、これはAさん個人がB社に資金を貸し付ける形とする。

そして次に、海外にオフショア法人C社を設立し、C社の口座は海外のプライベー

オフショア法人を活用したスキーム例

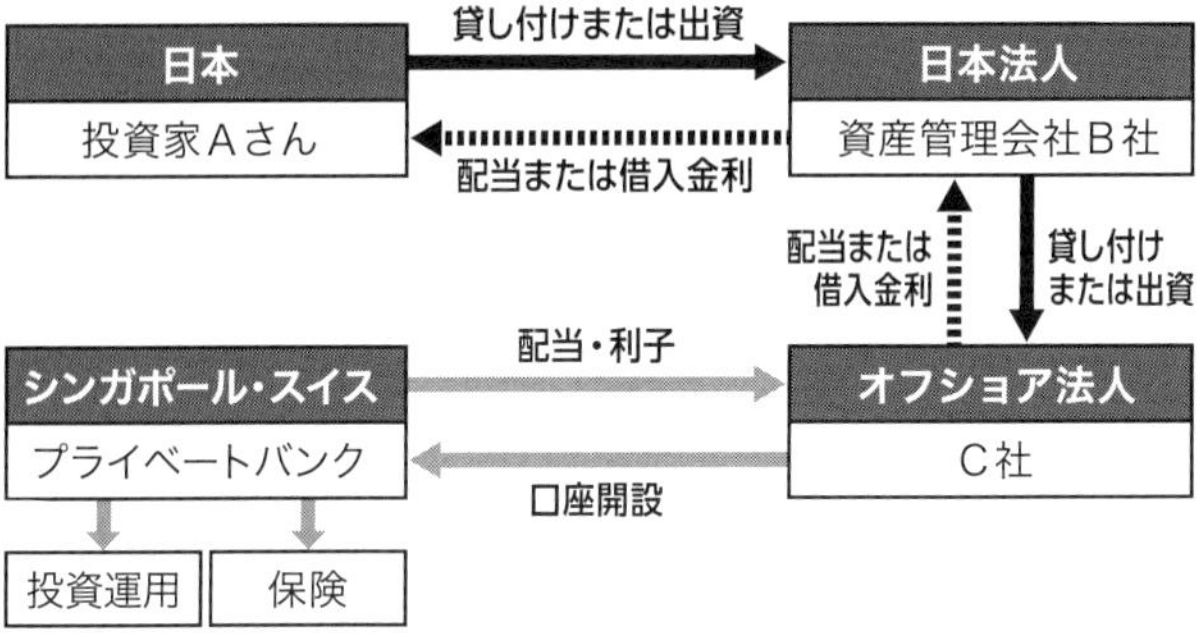

トバンクに開設する。この状態でAさんはB社に貸し付けた資金をB社からオフショア法人C社の口座に移し、Aさんはその法人名義で資産運用をする。

こうすると、Aさんがオフショア法人C社の名義で挙げた運用益は資産管理会社B社の利益ということになり、B社のバランスシートにも計上される。この時、仮にB社に赤字があれば利益が挙がった場合にも経費と相殺され、課税対象となる利益はそれだけ圧縮されるというわけである。

年々強まる監視の目

あるいは法人税率が約21%であるミクロネシア連邦やスイスのチューリッヒ州に法人を設立し、その法人で資産運用を行うのも有効である。

これまでの日本の税制では、国内の企業が外国に関連法人をもっていても、その関係会社の租税負担割合が20％以上であれば、一律に合算課税の対象にされることはなかった。ところがこの制度は２０１７年度の税制改正によって改められ、改正法施行後は、こうした合算課税の対象となるかどうかを判定するための租税負担割合基準（いわゆるトリガー税率）が廃止されることになった。

従来どおり、法人税率が20％未満の国で運用をすれば今後は日本との合算課税になるので、法人税率17％のシンガポール法人や16・５％の香港法人、０％のオフショア法人で運用する意味があまりない。かといって法人税率30％以上の国の法人では合算課税はされないが、今度は日本の法人税率とあまり変わらなくなり、これまたあまり意味がない。

しかし改正法施行後は、税負担率が30％未満でも20％以上あり、法が定めるところの「ペーパーカンパニー等」に該当しない外国子会社は原則として日本との合算課税の対象にはならない。その点では先ほど述べたミクロネシア連邦やスイス・チューリッヒ州では法人税率が約21％なので、これらに法人を設立して運用すれば、「20％以上」という条件にギリギリ該当する。

もちろん、右の場合に合算課税の対象にならないというのも、あくまで「原則的に」ということなので、ミクロネシアやチューリッヒで設立した法人でこの「原則」を満たすための対策は改めて検討し、実施する必要があるだろう。これらスイス法人やミクロネシア法人を使って資産運用を行うことで、この資産運用の利益に対しては21％の法人税を支払うことで完結する。これならば、現在の日本での金融一体課税である、20・315％の源泉分離課税（税金が他の所得と分離して一定の税率で源泉徴収され、それで納税が完結する課税方式）と遜色《そんしょく》ない。

日本の源泉分離課税と変わらない税制環境で日本とは比べ物にならない利回りの資産運用を行える上、これらの法人では経費などの控除も受けられることを考えれば、実質的な税率は21％よりもさらに低くなるだろう。

とはいえ、こうしたオフショア法人を使った資産運用は、日本国内はもちろん、設立地の法律を遵守しながら行う必要があることは言うまでもない。

とくに2018年からは、国際的な租税回避を防止するための情報交換制度であるCRS（Common Reporting Standard＝共通報告基準）がいよいよ日本でも適用される。同制度には経済協力開発機構（OECD）に加盟する100以上の国・地域が参加しており、参加国に所在する金融機関は、税務上の非居住者の口座情報を自国の税務当局に報告する義務を負う。さらに報告された情報は参加各国の税務当局間で相互に共有される。

つまり２０１８年以後は、非居住地の金融機関に口座を作ってもその口座情報が日本の税務当局に筒抜けになる、ということだ。かつて行われていたような、海外に資産を逃がして税務当局の目から隠すといった悪質な税逃れは、もはやどうあがいても不可能なのである。

第4章　お金持ちってこんな人

富裕層の資格は「資産1億円以上」

ここまでに述べたとおり、私たちプライベートバンカーの顧客は富裕層に限定されている。だが、「富裕層」とは具体的にどれくらいのレベルのお金持ちのことを指すのか、よくわからないという方もいるだろう。

実のところ、「富裕層」に厳密な定義があるわけではない。ただ一般的には、預貯金、株式、債券、投資信託などから構成される純金融資産（保有する金融資産の合計額から負債を差し引いた値）が100万ドル以上（日本なら1億円以上）の人、また日本の場合なら、年収にして2000万〜3000万円以上を稼ぐ人を指すことが多いのは確かだ。

野村総合研究所が発表している調査報告書では、純金融資産1億円以上、5億円未満の世帯が「富裕層」に、さらに純金融資産5億円以上を所有する世帯が「超富裕層」に分類されている。

またカナダの証券会社RBCウェルス・マネジメントが行った調査では、主な居住用不動産、収集品、消費財、および耐久消費財を除いて100万ドル以上の投資可能資産を所有する世帯を富裕層（HNWI：High-net-worth individual）、3000万ドル以上の資産を持つ世帯を超富裕層（UHNWI：Ultra high-net-worth individual）と定義している。

クレディ・スイスが毎年発表している富裕層の動向をまとめたレポート「グローバルウエルスレポート」の２０１６年版によると、「資産１００万ドル以上」を有する富裕層はアメリカ（１３５５万４０００人）、日本（２８２万６０００人）、イギリス（２２２万５０００人）、ドイツ（１６３万７０００人）の順に多いという。日本はアメリカに次いで、世界で２番目に富裕層の多い国なのだ。

ただ日本の富裕層の場合、その内訳を見ると資産１億〜10億円クラスの、世界基準で見れば比較的慎ましいお金持ちが多いのが特徴である。

これがシンガポールやマレーシア、インドネシア、インドなどの国々になると、富裕層の絶対数こそ少ないものの、個々の富裕層が持つ資産総額の桁が２つ３つは違ってくる。つまりこうした国で富裕層であるということは、超富裕層（ＵＨＮＷＩ）であることとほとんど同義なのだ。

ちなみに、シンガポールには政府が設定した年収や資産に関する基準を満たした投資家だけを「アクレディテッド・インベスター（適格投資家）」と認める制度があり、これがプライベートバンクで口座を開設するための必要最低限の基準にもなっている。私の古巣であるバンク・オブ・シンガポールやＵＢＩでは、その基準を満たした上で、金融資産５００万ＵＳドル以上を所有し、口座開設後にはそこから１００万ＵＳドル（現在は２００万Ｕ

Sドル）以上を入金できる人でなければ顧客として迎えられない決まりがあった。さらに他のプライベートバンクには、この必要最低入金額が200万USドルないしは300万USドルというところもあった。

相続に悩まされる日本在住の富裕層

一般的に富裕層といえば、企業のオーナーや経営者、あるいは大企業の役員、医師、成功した芸能人やプロスポーツ選手といった人々がイメージされると思う。私の顧客でも、やはりいちばん多いのは実業家・企業経営者たちであり、その中には株式を新規上場して巨万の富を得た、いわゆるIPO長者たちもいる。さらに起業家本人だけでなく、上場企業創業者の一族全体を顧客とすることもある。

それ以外の顧客となると、両親などから高価格の不動産を相続した人たちのほか、有名な俳優や売れっ子の作家、プロスポーツ選手のほか、弁護士などの士業で年収数億円を稼ぐ人たちもいる。日本人富裕層に占める「土地持ち」の率は、おそらく一般の人が想像する以上に多いだろう。

こうした顧客は、それぞれの事業や職業分野におけるエキスパートであるがゆえに富を築いた人たちなのだが、いかんせん金融の専門家ではないし、本業が多忙すぎて勉強している暇などない人も多い。だからこそ私たちプライベートバンカーがパートナーとなり、顧客本人やその一族の資産を本人たちに代わって管理・運用・保全する必要が生じるのであり、単に資産運用を任されるだけでなく、相続対策のためのストラクチャー（機能）を構築したり、海外法人の設立とその運用に関しても一切を任されることもある。また必要とあれば、顧客やその子息と一緒に、彼らの事業に関係する海外視察に同行することもある。

特に日本の場合、相続税の最高税率が「55％」と世界でも最も高いレベルゆえに、ファミリーウェルスを安定的に子や孫に継承したい日本在住の富裕層にとって、相続対策がきわめて重大な課題となる。だからこそ第3章で詳述した海外（オフショア）生命保険を利用した資産運用も威力を発揮する、というわけだ。シンガポールで私などは、当時担当していた全顧客の約8割に対して、保険を絡めた運用を行っていたくらいである。

その点、シンガポールや香港、ヨーロッパ各国の場合は、金融規制も税制も日本に比べると遥かに簡素だし、相続税率も低い、もしくはほとんどないという国だって珍しくない。したがってプライベートバンカーに求められる仕事も、それらの国の富裕層に対しては、シンプルに金融資産の運用や管理に特化していることが多い。

私がかつて所属していたUBIのヨーロピアン・デスクにフェデリコという名のイタリア人同僚がいた。彼は自分が担当する欧州各国の顧客の資産を、全て伝統的な株式や債券、ミューチュアル・ファンド（オープンエンド型投資信託）やPE（プライベート・エクイティ）、ヘッジファンドなどによって運用していた。

同じ金融機関に勤めるプライベートバンカー同士でありながら、運用方法にこれほどの違いが生じたのも日本という国の特殊性なくして説明できない。ある時などはフェデリコから、「なんでトモは、いつも保険のストラクチャーばかりやっているんだい？」と不思議がられたものである。

富裕層はシンガポールを目指す

母国がこれほど規制の多い状況とあれば、富裕層によっては日本を離れ、シンガポールや香港など、富裕層が暮らしやすい国への移住を決断する人もいる。私がこの国に渡った2010年時点でさえ、シンガポールにやってくる日本人富裕層はすでにそれなりに多かった。

日本では所得の多い人ほど高い所得税率が適用される累進課税方式が採用されており、税率は最高で45％にもなるが、シンガポールの場合は同じ累進課税方式ではあるものの最高税率は22％、実効税率は10％前後に過ぎず、これはアジアでも際立って低い。さらに住民税はなく、相続税、贈与税、利子課税、キャピタルゲイン課税はいずれもゼロである。

ただここ数年は、シンガポールにやってくる日本人富裕層の傾向がかなり様変わりした印象がある。

少し前までなら、シンガポールに移住してくる日本人富裕層といえば年齢にして50代半ばから60代以上、不動産の売却などで一財産を築き、子どもがもう成人したので後は夫婦で余生を楽しみたい、というタイプが多かった。

ところがここ数年は日本にも若い富裕層が増えていることを反映してか、まだ30代や40代のうちにシンガポールにやってくる日本人富裕層がとても目立つようになった。こうした新富裕層は、多くはITなど比較的初期投資が少なくて済む事業を興すことで若くして成功を収め、その会社を10億円から50億円程度の額で売却して富裕層に仲間入りした人たちだ。一昔前の日本では自分が立ち上げた会社を我が子のように思い、何年かかっても上場を目指すなどひたすら会社を大きくすることに執念を燃やすタイプの事業家が多かったが、それとは隔世の感がある。

彼ら新富裕層は、現地への適応にもとても積極的だ。シンガポールではマレー語、華語(標準中国語)、タミル語に加えて英語が公用語として使われており、英語が話せればだいたいどこに行こうと現地人とコミュニケーションできるのだが、従来の日本人富裕層は英語の習得には比較的消極的だったので、必然的に行動範囲が日本語が通じる場所に限られる傾向があった。だが、新富裕層は総じて英語を習うことへの意欲が強く、日本語が通じない場所でも臆することなく出かけていくので上達が早い。

金融や資産運用についての関心も高く、学ぶ意欲がとても強いことも彼ら新富裕層の特徴だ。一財産でき、時間に余裕ができたのを良い機会として積極的にアンテナを張って自ら投資経験を積もうとするし、私たちプライベートバンカーへの質問も積極的にする。金融リテラシーが相対的に高い世代、という印象を私は持っている。

こうした傾向は、もちろん彼ら自身がまだまだ若いゆえではあるだろうが、彼らの世代の場合、社会に出た時の環境が厳しかったこともあって、自分自身の力で道を切り開いていこうという意識が旧世代と比べて強いのではないだろうか。

ビジネスはシンガポールでやるに限る理由

もっとも彼ら新富裕層の場合、経済的な余裕を得たからとそのままアーリーリタイアメントを決め込んだり、つくった資産の運用だけに専念する、という人は意外と少ない。運用もやる傍ら、シンガポールでまた新しいビジネスを始める人のほうが多いのである。

だから彼らにシンガポールを移住先に選んだ理由を尋ねると、税率の低さもさることながら、この国ゆえに備わっている洗練されたビジネス環境を挙げる人が少なくない。シンガポールの場合は法人税率が最高で17%、かつ実効税率となるとほとんどの会社が5・6

〜8・3%の範囲内に収まるなど法人税も安いのだが、この国でビジネスを行うことのメリットは税制面に限ったものではないのだ。

世界銀行(WB)および国際金融公社(IFC)は、「事業設立の容易性」「建設許可取得の容易性」「電力事情」「不動産登記の容易性」「資金調達環境」「少数株主保護」「納税環境」「貿易環境」「契約執行状況」「破綻処理」という10項目について世界の約190ヵ国の制度・環境を比較評価し、それぞれの国でのビジネスのしやすさをランキング化した「ビジネス環境ランキング(Ease of doing business index)」を発表している。2017年10月に発表されたその最新版でシンガポールはニュージーランドに次ぐ世界2位(日本は34位)にランキングされているほか、同じランキングの2014年版では1位になっている。

このランキングが右に並んだ項目が評価されてのものであることからもわかるように、シンガポールは国全体が効率性とスピードを重視している。意欲的な事業家にとって、うってつけの環境であることは間違いない。

こうしたレポートやランキングでシンガポールは近年すっかり常連になっており、世界経済フォーラムが発表する「世界競争力レポート」の2013―2014年版では汚職の少なさ、政府機構の効率性の高さでシンガポールが世界1位になっている。また米国を拠点とする調査機関BERIが50ヵ国の投資ポテンシャルについて評価した第1次「投資環境リスク評価報告書」（２０１４年４月発表）でも第１位に選ばれている。

さらに英国の人材会社、ＥＣＡインターナショナルがアジア人駐在員向けに発表している「住みやすい都市」ランキングでは、大気汚染のレベルが低いことや台風があまり来ないことなど環境面も高く評価され16年連続で世界１位となっている。

マーサージャパン（世界最大の組織・人事マネジメント・コンサルティング会社であるマーサーの日本法人）が２０１７年３月に発表した「２０１７年世界生活環境調査（Quality of Living Survey）都市ランキング」の都市インフラ部門でも１位になっている。

ソフトパワーへの国際的な評価も高い。経済協力開発機構（ＯＥＣＤ）が行う国際的な学習到達度調査であるＰＩＳＡの最新２０１５年度調査ではシンガポールが世界１位。さらに英タイムズ・ハイアー・エデュケーション（The Times Higher Education）が毎年発表している「世界大学ランキング」の２０１７―２０１８年版でも、シンガポール国立大学が世界22位（アジアでは１位）になるなど、日本以上に高い教育水準を誇っている。そのほか医療水準も世界最高水準と言われており、家族揃っての移住にも適した国なのだ。

日本国内で成功させた事業を売却して富裕層となり、シンガポールに移住することで、より有利な環境で新たなビジネスに着手するシリアルアントレプレナー（連続起業家）は確実に増えている。

ソフトバンクグループの孫正義・代表取締役会長の実弟にして、オンラインゲーム会社「ガンホー・オンライン・エンターテイメント」の創業者でもあった孫泰蔵氏はそうした新富裕層・連続起業家の代表だろう。泰蔵氏はガンホーの株式を2016年に売却。巨万の富を得て、2017年1月には新たなビジネスを始めるためにシンガポールに移住した。

また、ディスカウントストアチェーン「ドン・キホーテ」創業者の安田隆夫氏も、2015年6月に同社の会長兼CEO職を退任しシンガポールに移住、セントーサ島に2125万シンガポールドル（約17億円）で一戸建住宅を購入した。だが、その後も事業から退くことはなく、ドン・キホーテグループの海外事業持株会社をシンガポールに設立し安田氏自らが代表者に就任。17年冬にはドン・キホーテの東南アジア1号店となる店舗をシンガポール中心部にオープンしている。同社では今後シンガポールをハブとし、東南アジア全域にドン・キホーテを出店させていく計画だという。

ちなみに安田氏は、実際にシンガポールに移住する数年前の2011年頃には前述したFISスキーム（現在は廃止）によってシンガポールの永住権を取得している。おそらくすでにその時点では、シンガポールをハブとしたビジネス拡大も頭のなかにあったのだろう。

これはなにも日本人富裕層に限った傾向ではなく、いまシンガポールには世界中の富裕層が集まってきている。金融資産US100万ドル以上の世帯が6世帯に1世帯におよび、全居住者に占める富裕層比率が世界最高であるという事実は、そのことを何よりも証明しているだろう。

つまりシンガポールとは、公園で6組の家族が遊んでいれば、そのうち少なくとも1組は資産US100万ドル以上の富裕層かもしれないという国なのである。

概論はこのぐらいにして、それでは具体的に日本人富裕層について、詳しく見ていこう。

富裕層の類型

①ともに不動産のオーナーであるAさんとBさんの場合

Aさん（60歳）は親から受け継いだ不動産を基盤に資産を形成した典型的な日本の富裕層であり、大阪市内のビルなど総額200億円以上の不動産を保有していた。だがこの資産を息子に相続させる際には、日本にいる限りは55％の相続税が課税される。Aさん本人が亡くなったら、被相続人となる息子は100億円以上の相続税を納めなくてはならなかった。

しかし日本では富裕層といえども100億円もの現金を用意できる人などごく稀《まれ》な存在であり、Aさん親子も例外ではなかった。こういった場合、大抵のケースでは被相続人が物納ないしは延納して相続税を払うことになるのだが、Aさんが選択した道は、所有不動産を売却し、息子と一緒に相続・贈与税のないシンガポールに移住することだった。日本国籍を持つ日本人でも、日本に住んでいない「非居住者」と認められれば外国で発生した所得については、原則日本では課税されることはない。したがって相続人である自分と被相続人である息子がともにシンガポールの居住者となれば、日本への納税義務はなくなると考えたのである。一般に日本の税務当局から海外の居住者と認められるには、5年間（現在は10年）住み続ける必要があるとみなされていた。

この目的を果たすべく、Aさんはまず保有していた不動産を日本国内で売却。売却で得た資金をシンガポールで不動産や金融商品に投資するための会社を同国内に設立することでEP（就労ビザ）を取得し、居住する資格を得ることができた。シンガポールでは不動産や金融商品によるインカムゲインは非課税であるため、これらを運用して利回りを確保するだけで、一家が生活する分には十分な収入を得ることができた。

とはいえ、60歳を過ぎてから英語を習得する気にはなれず、現地での社会活動に参加することもなかったAさんにとって、シンガポールでの5年間は退屈な時間だったようだ。

一方で第3章でも紹介した海外の生命保険などを活用すれば、シンガポールに移住しなくても相続税を払い切るだけのキャッシュフローを確保することはできる。

Bさん（58歳）もAさんと同様の不動産オーナーであり、東京都内に総額150億円以上の不動産・ビルを保有していたが、Bさんの場合はAさんのような移住による相続対策は取らなかった。まず自分の死後に課税される相続税を計算し、海外生命保険に加入。相続時に必要となるキャッシュフローはすべて自分の死後に入る莫大な死亡保障で賄えるようにし、Bさんが亡くなったあとも家族が不動産を手放さずに済むようにしたのである。

もちろん海外生保に入るための保険金の一部は、このスキームとセットで行われる運用で賄っている。

②IT企業創業者だったCさんの場合

AさんやBさんに代表される不動産オーナーを日本の伝統的な富裕層の一典型だとすれば、本書執筆時点でまだ40歳のCさんは新富裕層の典型である。

Cさんの場合もやはり自分で創業したIT企業を売却後にシンガポールに移住。移住後はシンガポールの優れたビジネスインフラを活用し、まったく別の新しいビジネスを始めている。

また、まだ小さいお子さんをいずれ国際社会で通用する人材に育てたいと願っている彼からすると、中国語と英語両方での教育が受けられ、寄宿学校やインターナショナルスクールも充実しているシンガポールの教育環境は日本のそれ以上に優れているようだ。

現在はAさんと同じようにEPで居住しているCさんだが、将来的にはシンガポールでの事業を成功させて永住権を取得したいと考えている。もちろん税効果も期待すればこそ移住したのだろうが、シンガポールの環境に非常にうまく適応できたケースと言えるだろう。彼自身が英語によるビジネス環境に慣れようと、日々積極的にいろいろなところに出かけていく。

Cさんは投資家としても柔軟なタイプであり、第3章でも紹介したDCD（仕組預金）など、短期的でマーケットのウオッチが必要な金融商品にレバレッジを効かせて運用するのが好きなようだ。PE（プライベート・エクイティ）などの商品にも投資している。

③非上場会社オーナーDさんの場合

非上場ながら株価の評価額が80億円という会社のオーナーであるDさん（55歳）もまた、将来の相続に頭を痛めていた。

株式会社の経営権を子息などに譲る場合、継承する側である子息は、株価評価を試算し、それに応じた相続税を支払う必要がある。この時、評価額に見合ったキャッシュフローを用意できないとしても、上場会社のオーナーならば株式を売却し、それにより相続税を支払うことも可能だ。だが非上場会社の場合は市場で株式を売却することができないので、そうした最後の手段さえ取れない。

最近になって中小企業の経営者たちが事業継承できず廃業している問題がクローズアップされるようになり、この規制が税制改正で緩和される動きもようやく現れつつあるが、会社オーナーやそのファミリーにとって、今なお頭の痛い問題であることに変わりはない。

当然自社株の評価減など日本でもできる相続税対策は取ったが、それも株価の評価額が大きいDさんにとっては抜本的な対策にはなりえなかった。

最終的にDさんを助けたのは、Bさんもやったようにまず相続税の試算をし、必要になるキャッシュフローを海外生保に加入することでカバーする方法だった。Dさんのように流動性のない資産を持つ富裕層でも、海外の金融商品を活用すれば十分な相続税対策を打つことはできるのである。

④病院経営者E姉妹の場合

ともに40代のE姉妹は姉妹で病院の経営をしているが、二人の出資持ち分評価額は合計40億円であり、父親である前理事長から病院を引き継ぐ際に既に相続税を20億円支払わなければいけなかった。

医療法人の場合、配当は解散するまでしてはいけないことになっている上、病院を売却して海外に移住するなどの選択が取りにくい。そのため日本では病院を継承した人が運営を続けつつ、なおかつ相続対策も行うのは至難の業になってしまう。姉妹はいずれは自分たちの息子、娘たちに病院の経営を任せたいと考えていたが、このままではやはりその継承時に莫大な相続税がかかるのが目に見えていたため海外の保険を活用したスキームを実施。これにより、将来必ず必要となるキャッシュフローを確保することができた。

ただこのスキームを行うなら普通は行うレバレッジをかけた運用を、E姉妹の場合はできなかった。というのも医療法人の場合、医療法により営利の追求が厳しく制限されているからである。

仮に医療法人が運用によるリターンも得ようとするなら新たに別法人を設立し、医療法人からこの法人に利益を移転し、この別法人で運用を行うなどのスキームを作る必要がある。E姉妹とはまた別のケースにはなるが、病院経営者の中には実際にそのようなスキームを活用しているところもある。

⑤上場会社創業オーナー一族F家の場合

上場企業の創業オーナーであるFさんの一族は、重層的なスキームを駆使して資産の保全と運用を行っている。

スキームにおいて重要な役割を担うのが、スイス・チューリッヒ州に設立した法人（仮にX社）である。なぜここに法人を設立したかといえば、同州は法人税の税率が21％であるからだ。

Fさんは、「コラム2」で紹介したようなスキームを活用している。つまり、オフショア法人X社と日本法人Y社を使うやり方だ。日本の資産管理会社（Y社）からX社に資金を貸し付け（もしくは出資し）、さらにこのX社にオフショア法人をひもづけて、プライベートバンクはこのオフショア法人の資産運用・管理を行う。すると、スイス法人がスイスに21％の法人税を支払いさえすれば、スキーム全体で必要とされる法人税の支払いはすべて終えたことになる。

もちろんこのX社で発生した必要経費として控除されるので、実効税率はさらに下がる。さらにY社もX社に貸し付けもしくは出資をしているから、その貸し付けに対する金利分（もしくは出資に対する配当）を受け取ることができる。

Fさんファミリーの場合は、子息の一人がモナコに居住しており、その子息には2歳の息子がいる。このスキーム部分の資産は、子息がモナコで受け取り、継承していくことになるので、対策ができていると言えるだろう。

第5章　動乱の時代を生き抜く資産運用

今の世界経済は「壮大な上昇相場」にある？

良くも悪くも型破りな個性の持ち主である、実業家のドナルド・トランプ氏が超大国アメリカの第45代大統領に当選した２０１６年11月以来、世界経済は予測を立てにくい状況が続いている。

とはいえ、今のところアメリカ、日本とも株式市場は活況を呈しており、両国の経済は好調に見える。

20世紀を代表する経済学者のひとりであるヨーゼフ・シュンペーターは、企業家によるイノベーション、すなわち生産方法や販路、資源、組織などをそれまでにないやり方で新結合する行為こそが経済発展を駆動させる原動力だと説いた。現代を代表するイノベーションといえば、それはＡＩ（人工知能）やＩｏＴ（Internet of Things＝モノのインターネット）、ビッグデータの利用など、近年飛躍的に進化した情報技術を産業分野に転用する動き、ということになるだろう。

これらの技術革新を第４次産業革命――つまり水力や蒸気機関を用いて工場を機械化した18世紀末の第１次産業革命、電力による大量生産が始まった20世紀初頭の第２次産業革命、電子工学や情報技術によりさらなるオートメーション化が進行した１９７０年代初頭からの第3次産業革命に続く、産業構造を根底から変える一大転換――と位置づける見方も、すでに広まりつつある。

仮に現在の株式市場の活況がそれほどのイノベーションが起きているゆえのものだとすれば、私たちは世界史上でも稀な、壮大な上昇相場の真っ只中を生きていることになるし、もはやこの活況は、大国の首脳の言動ひとつで左右されるレベルのものではないのかもしれない。

ただ、過去30年ほどの間に我々が遭遇した経済史的事件は、今の段階でそう断定してしまうのは時期尚早であるとも教えている。たとえば、今から20年ほど前の1999～2001年頃にかけての「IT相場」も「IT革命」を前提としたものであり、思い返せば「第4次産業革命」という言葉はあの頃にも叫ばれていた。

今も続く世の中の急激な変化が、あの20世紀末から21世紀初頭にかけての情報技術の発達を契機に始まっているのは間違いないだろう。だが当時のマーケットはそれをあまりに過剰に先取りし、IT関連株が実勢価値とはかけ離れた水準まで買われ、結局は単なる「ITバブル」で終わってしまった。

80年代後半から90年代初頭にかけての日本のバブル経済しかり、リーマン・ショック前のアメリカ住宅バブルしかり。我々はこの30年間、相場がジョン・ケネス・ガルブレイス言うところの「陶酔的熱病」に陥るのを何度も目の当たりにしているのである。

したがって現在の上昇相場が、第4次産業革命の真っ只中にいるがゆえの実体の伴ったものなのか、それともただのバブル相場なのかはすぐに決めつけるべきではないし、また今の段階ではまだ判別するのは難しい。まずは様々な指標を検証し、その指標が示す価値が適正かどうか慎重に算定すべきだろう。

株式投資の世界には、「ある株の株価が、いま現在、企業の利益に対してどのくらいの水準なのか」を判断できる「PER」という指標があり、これは「株価÷1株あたりの利益(企業の純利益を発行済みの株式総数で割った値)」という数式で求められる。

ITバブル当時は、IT関連株が軒並み「PER100倍超」などという、実勢価値とはかけ離れた、はるか先の利益水準まで織り込むような相場付きになった。幸いにして2018年2月時点ではAIやIoT、ビッグデータなどのテーマの関連株がそういった水準まで買われている状況ではないが、もしこれらがそのような水準まで買われるような事態がやってくれば、その時はバブル相場の再来と判断し守りに徹するに限るだろう。

アメリカの金利上昇に警戒せよ

世界経済の動向でもう一点気がかりなのは、アメリカが2008年のリーマン・ショックからの回復期を経て既に金利上昇局面を迎えており、今後も段階的に金利を上げる方向にあることだ。トランプ大統領が何か突拍子もないことを発言し、それがマーケットに影響をおよぼしても所詮一時的なものに過ぎないが、利上げは長期的要素であるがゆえに影響ははるかに大きい。

一般的な経済学の理論では、金利が上昇すれば株価は下落すると考えられている。金利が上昇すると、一般に企業は借入金の支払利息が増加して収益が圧迫されるようになるので、借入金を前提にした設備投資は控えるようになる。これにより生産活動は停滞し、業績が伸びなくなる。

一方で投資家の側も、住宅ローンなどの金利が上がれば支払利息の負担が増えるので消費を手控えるようになる反面、預貯金金利が上昇して貯蓄の魅力が相対的に高まるので、株式に投資するより手持ちの株を売却し、それによって得たお金を預貯金に移すようになる。よって金利上昇は、株価下落に直接的な因果関係があるというわけだ。

実際に、過去の様々な株価の上昇局面と下落局面のチャートを見てみると、金利上昇後、株価は若干のタイムラグを経ながら下落している。この傾向が特に顕著に当てはまるのは、(いささか極端な例かもしれないが)80年代後半から90年代初頭にかけての日本のバブル相場の崩壊過程だろう。

バブル相場ピークの89年12月、日本銀行の総裁に三重野康氏が就任すると、同総裁は一般サラリーマンがマイホームを持てないほどに高騰していた不動産価格を抑えようと「バブル退治」に乗り出した。就任するやいなや公定歩合を3・75%から4・25%に引き上げたのに続き、90年3月に5・25%、8月には6%と、立て続けに急激な利上げに踏み切ったのである。この利上げを世間は「平成の鬼平」と喝采したが、裏腹に日経平均株価は3万8000円台から一気に2万円割れまで急落してしまった。

仮に現在の上昇相場が産業構造の抜本的転換によるものだとしても、中央銀行の利上げにはそれだけの力があるということであり、アメリカのFRB（連邦準備銀行）が現にそれをやっているという事実は重い。ここはやはり経済理論の原則的な見方に従い、遅かれ早かれ株価は調整局面を迎える、と考えておくのが妥当だろう。2018年2月にニューヨーク株式市場の急落から一時的に世界同時株安が発生したが、これもその局面の一つかもしれない。

また各国の経済成長率や物価上昇率、失業率、企業の株価など、経済の基礎的状況を示す指標のことをファンダメンタルズというが、このファンダメンタルズは最終的にはすべて相関関係を結ぶ。景気が悪くなるとまず株価が下がり始め、雇用や景況感などの遅行指数は必ず後から変化する。つまり株価は、未来を読んで動く指標なのだ。

株価の下がり始めで景気後退を予測できるのと同様、金利が上がれば、先ほど述べたようなメカニズムが働いて世の中のお金は株よりも預金や債券に向かう。金利の上昇が何段階かを経ながらもう1年から2年続くようだと、さらに世の中のお金が預金や債券に吸い寄せられて株式市場の動きは鈍り、株価の調整に遅行して、景気・経済そのものが下降サイクルに転じる可能性がある。

もちろんアメリカのFRBも中国人民銀行も、日本のバブルが崩壊した過程は十分に研究しているし、同じ轍《てつ》を踏むまいと考えているだろうから、利上げに際してはかつての日銀と違い慎重の上にも慎重を期すはずである。少し利上げしたらしばらくは様子見に徹し、景気指標がまだ良好なようならまた上げる、というやり方を取るはずで、これによって株価が調整局面を迎える、と考えておくのが妥当だろう（ただ私はその場合も、債券、特にハイイールド債については有望な投資対象になりうると考えている。その理由については後で詳しく述べることにしよう）。

一方で日本の場合は、金利を上げると日本の国債の利息も上がってしまい、連動して日本政府の財政が破綻してしまうので、これからも半永久的にゼロ金利政策を続けるしかない。だがだからといって、日本株に楽観的に投資できる環境が今後も続いていく、というわけでもない。

なんといっても世界で売られている株の時価総額の約47％はアメリカの株式市場のものであり、日本を含めて世界各国の株価・景気、経済は常にアメリカの影響をダイレクトに被る。アメリカで金利が上がり、アメリカの株価が調整局面に入れば、日本もヨーロッパも連動してそうなっていくのは避けられないだろう。

日本の将来への期待を押し下げる、政府の財政危機

日本の今後についてもう少し掘り下げていくことにしよう。日本の株式市場は今のところアベノミクスの諸経済政策が奏功しているのに加え、好調なアメリカ経済を追い風とすることでバブル崩壊後の高値を更新し続けている（２０１８年2月の株価急落はあったが）。だが、我が国の将来をひとつの「投資対象」として冷徹な目で見るなら、もう少し長いスパンのファクターもここに加えていく必要がある。政府の財政、そして少子高齢化というファクターである。

日本国の財政がごくシビアな状況にあることは否定しようがない。財務省によれば、日本ではバブルが崩壊した１９９０年頃から税収が伸び悩んでいるのに対して歳出は社会保障関連費の増大で一貫して伸び続けており、その結果、税収が国家予算の6割程度にしか満たず、不足分を借金である公債の発行で賄う状況が続いている。

２０１７年度も一般会計歳出97兆５０００億円に対して一般会計税収は57兆７０００億円で39兆８０００億円の不足が生じており、この穴埋めのため34兆４０００億円の公債発行を余儀なくされている。

普通国債残高は税収がピークを迎えた１９９０年度からの約27年間で約６９２兆円と大幅に増加しており、日本の総債務残高（対ＧＤＰ比）は、主要先進国の中で最悪の水準にある（【図表５－１】参照）。純債務残高（政府の総債務残高から政府が保有する金融資産を差し引いたもの）で見ても、主要先進国で最悪の水準となっている（【図表５－２】および【図表５－３】参照）。

国際通貨基金（ＩＭＦ）も、２０１７年度に約１３００兆円だった日本の債務残高が、現在のペースのまま行けば２０３０年までに約３倍の３０００兆～３５００兆円になるだろうと日本政府に警告している。

こうしたことから財務省は、将来起こりうる国家破綻のシナリオもすでにホームページなどで国民に明らかにしている。

財務省いわく、近年長期金利は低い水準で推移しているものの、これにしても日本の財政の持続可能性に対する疑念が今後さらに高まれば金利は急上昇し、利払い費が膨らむことで政府の資金調達が困難となり、歳出面でも大きな圧迫要因となる。さらにその場合は、企業や家計も円滑な借り入れができなくなるなど経済にも悪影響が出るほか、国債を

図表5-1　債務残高の国際比較（対GDP比）

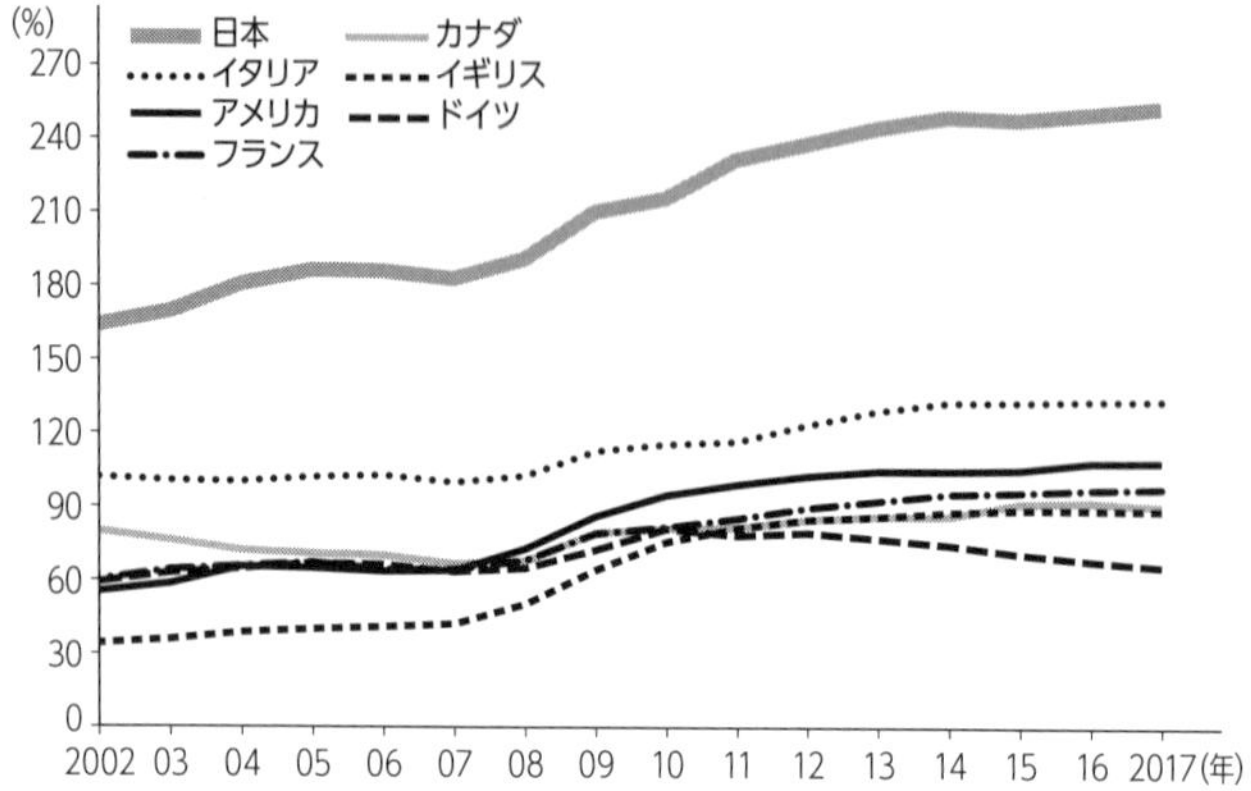

GDPに対する債務残高。日本は253%と、2位のイタリアを引き離して、先進国の中でも、ずば抜けて悪い。（出典：財務省）

図表5-2　純債務残高の国際比較（対GDP比）

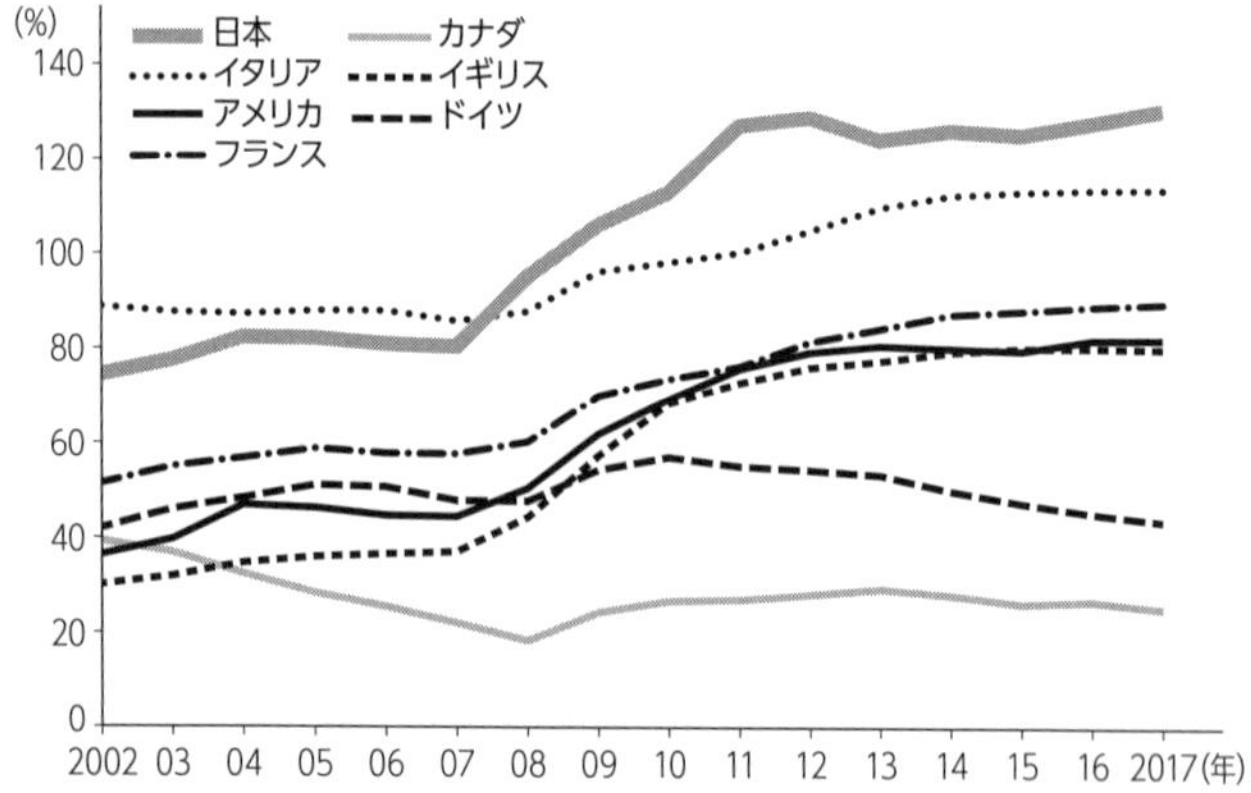

一国の債務をもっとも正確に表すのは純債務であるというのが国際的に共通の理解である。純債務でも日本は主要先進国中で最悪だ。（出典：財務省）

図表5-3　日本の政府債務比率

国名	政府債務比率（グロス）
日本	238%
ギリシャ	159%
イタリア	127%
アメリカ	107%
イギリス	90%
フランス	90%
スペイン	84%
ドイツ	82%

（出典：IMF）

大量に保有する金融機関に含み損が生じ、金融システムが不安定化する——というのである。

こうした現状を考えれば、仮に日本がデフォルト（債務不履行）するには至らないとしても、中長期的には円安・株安・債券安のシナリオが避けられないだろう。

円の信用が失墜して円安になり、輸入品の価格が暴騰するのに続き、財政赤字を穴埋めするために日銀が円を大量に印刷することで、不況下のインフレ（スタグフレーション）になる事態が予測できる。こうなれば当然、日本国の格付けが急落し日本国債は下落するだろうし、この環境下で日本関連の株が高値を維持できるとは相当に考えづらい。

もう一つのファクターは少子高齢化

日本の中長期的展望を語るうえで無視できない、もう一つのファクターは少子高齢化である。

厚生労働省の人口動態統計によれば、女性が生涯に産む子どもの推定人数を示す合計特殊出生率は1947〜49年の「第1次ベビーブーム」の頃は4・32、71年から74年の第2次ベビーブームの頃は2・14であった。この数字は年々低下して2005年にはとうとう1・26まで下がり、その後緩やかに回復はしているものの、2016年時点でも1・44と、欧米諸国と比べて依然として低い水準にとどまっている。これにより、2017年12月現在に1億2670万人であった日本の総人口は2040年には9913万人、2060年までに8674万人、2110年に4286万人まで減少すると推計されている。

2025年には第一次ベビーブームの世代が75歳以上の後期高齢者となり、これにより日本人の5人に1人は後期高齢者というかつてない超高齢社会に突入する。1950年の時点では、10人の現役世代（20〜64歳）で65歳以上の高齢者1人を支える構図だったが、これが2025年の時点では1・8人の現役世代で1人の高齢者を支える人口バランスとなる。

現在の日本政府の歳出は、その大半が国債の償還費と社会保障費に占められており（【図表5－4】参照）、莫大な社会保障費を多額の借金をすることで賄う構図となっている。だが、かろうじて高齢者1人を2人の現役世代で支えている現在の人口バランスが崩れ、高齢者1人に対し1・2人の現役世代（2050年の予測）などという事態になるといくら

図表5-4　日本の歳出内訳

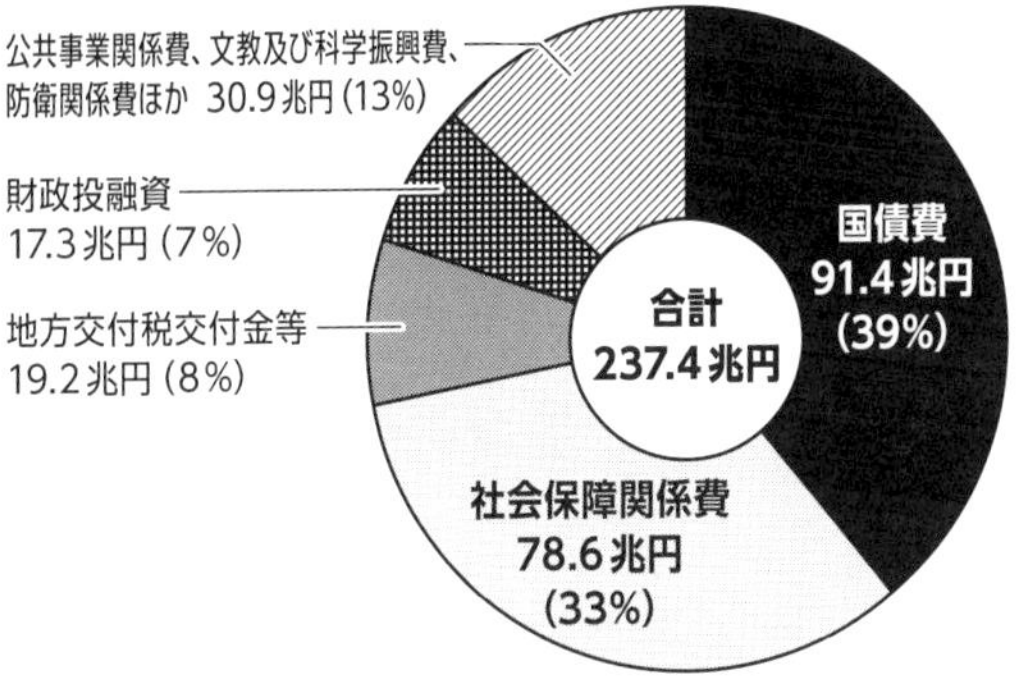

日本の歳出は国債費と社会保障費で72%を占めている。
（財務省「日本の財政関係資料」2014年2月をもとに作成）

なんでも納税者人口が少なすぎ、現在の社会保障システムを維持しきれなくなる。

また、現在は国が税金を投入してまで高齢者への年金支払いを維持しようとしているが、もし現在のペースで高齢者に年金を払い続ければ、２０３３年には厚生年金の積立金、37年には国民年金の積立金が枯渇し、年金財源が尽きてしまう。もちろん、払う額を減らせば年金制度それ自体を維持していくことは可能だが、制度が維持できる程度に支払額を減らすとすれば、その時にはもう、この制度は「年金」と呼ぶには値しないものになっているかもしれない。

こうした未来を招かないためには出生率を大幅に改善し税収も増やす必要があるが、２０１６年時点で１・４４しかなかった合計特殊出生率がこれから短期間で爆発的に増える事態は考えにくい。

以上を踏まえれば、日本の国力が今後衰退していくのは避けがたいというほかなく、この観点からも、円安・株安・債券安のシナリオは、おおいに想定される。

「日本は財政破綻しない」説は本当か

日本国の命綱となっている国債は、その保有者の内訳を見ると、【図表5-5】に示したように大半が日銀のほか、国内の銀行と生命保険会社・損害保険会社に占められており、海外の保有率は5・9％に過ぎない。この構図は先の章でも述べたように、日本政府が様々な規制を設けて金融機関を保護し、その代わりにこれらの金融機関に国債メインでの運用を事実上義務付けることで維持されてきた。

そしてこのことは、日本が世界最悪水準の債務残高を抱えながらもギリシャのようにはデフォルトしないことの根拠にもされてきた。つまり、ギリシャの場合は国債保有者の約80％が外国の銀行・投資家たちであったがために、ギリシャの経済が悪化するとギリシャ国債は容赦なく売られ暴落した。その点、国債保有者の9割超を日銀や国内の金融機関、機関投資家、公的年金などで固めている日本の場合は、本当に国家が破綻する最後の瀬戸際まで見捨てられずに国債を保有し続けてもらえるはず、というわけだ。

図表5-5　国債の保有者別内訳

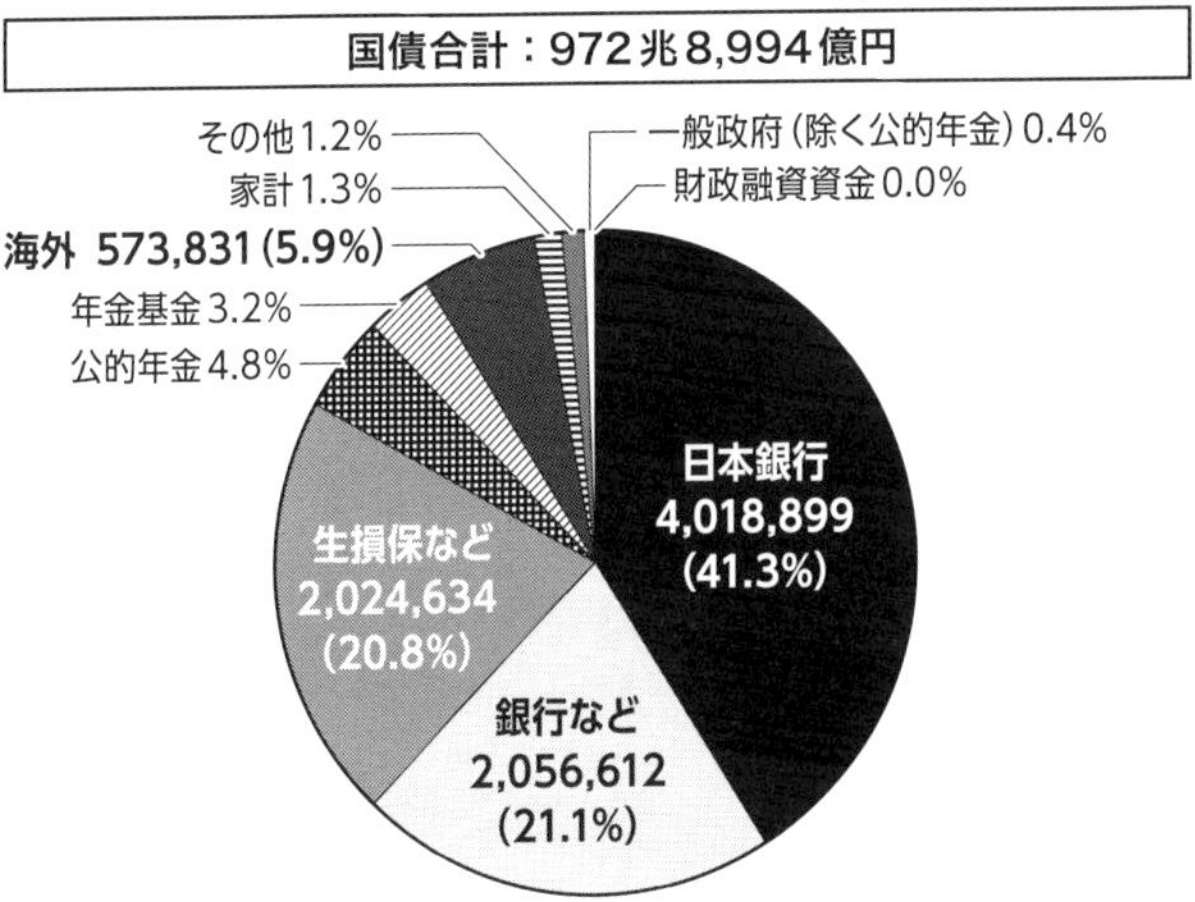

国内の保険の利回りや死亡保障金額・解約返戻金が小さいのは、超低金利の日本国債で主に運用されているからでもある。(出典：日本銀行)

ただこの構図を裏返せば、もはや日本国債は日本国内で消化するしかない商品になっている、ということでもある。というのも、日本の発行する超低金利な国債を買う投資家や国はあまりいないからだ。

かといって、外国人投資家などに買ってもらうために金利を上げることもできない。外国人に買ってもらうなら少なくとも利息を数パーセント上げる必要があるが、そんな高い利息を払っていたら、あっという間に日本政府は財政破綻してしまう。ゆえに、超低金利で国債を発行し、日本国内で循環させ、消化し続けるしかない立場なのである。

また、いくら日本政府が銀行や生損保を国債の得意先にしているといっても、その構図が未来永劫続くわけではない。日本の場合、個人金融資産の大半は高齢者が銀行預金や債券、生命保険などの形態で保有しているものだが、これは言ってみれば、銀行や生損保が保有する大半の日本国債も、彼ら高齢者が間接的に保有しているに近い構図だ。したがって、仮に年金制度が破綻しないまでも給付額が大幅に減るようなことでもあれば、その際には高齢者たちが一斉に預金を引き出したり、生保を解約して生活資金を確保しようとする。そうなると銀行や保険会社はそれまでのように国債を買うことはできないので、日本政府は国債の買い手がみつからず困り果てることになる。

こうした日本政府が置かれている立場を考えれば、財務省が示すような「財政破綻」のイメージはいささかオーバーかもしれないにしても、借り換え債も含めた巨額の国債発行に債券市場が耐えられなくなり、スムーズに国債の発行ができなくなる、くらいの事態は十分にありうると考えておくべきだろう。

この場合は国際社会の側も、巨大な日本経済が破綻する事態は避けたいはずなので何らかの手立ては打つだろうが、いずれにしても日本の株式、債券、円がマーケットにおいて、相当なリスクにさらされることは避けられない。

現在の日本の景気拡大は、2020年の東京五輪に向けた需要が支えている部分も相当に大きいだろう。この特需がなくなった後には、ここに述べてきたようなシナリオが少しずつ現実化してくる可能性がある。

USドル建てハイイールド債への投資が有望な理由

一方でアメリカの場合は、先にも述べたような利上げに関連した懸念があるほか、トランプ政権の進める大型減税・公共事業拡大路線による財政悪化の不安もあるものの、世界最大の経済大国としての地位は依然として揺らいでいない。また中国の台頭で相対的に存在感を後退させているとはいえ軍事力でも他国を圧倒しているため、USドルが相対的に優位な時代は、当面続いていくと考えられる。

そのため、投資はドル建てで行い、資産もドルで持つことが、富裕層ほど必要になってくるだろう。いや、世界の大半の金融商品がUSドルベースであることを考えれば、本当はいま現在でもそうすべきであるとさえ言える。

日本で生活している投資家の中には、金融商品は円ベースのものが圧倒的に多いと感じている人もいるかもしれない。だがそれは、金融機関がUSドルベースの商品を日本国内では円建てにして売っているからそう感じられるだけのことであって、その分コスト高にもなっている。

そして、現在のアメリカ株式市場にいささかの過熱感があることも加味して考えると、これからは、とりわけハイイールド債への投資が有望だろう。【図表5－6】に示したように、米国のハイイールド債は、米国株式や米国リートなどと同程度のリターンが期待できる一方、ほかの2商品に比べてリスクはかなり限定的である。

さらにハイイールド債は前述したような米国の段階的な利上げのリスクに対しても、国債などと比べて強みがある。そのことは過去の米国の金利上昇局面におけるハイイールド債パフォーマンスからも裏付けられている（【図表5－7】参照）。

たとえば、2012年7月末から13年12月末にかけて米国政策金利の引き上げ観測によ

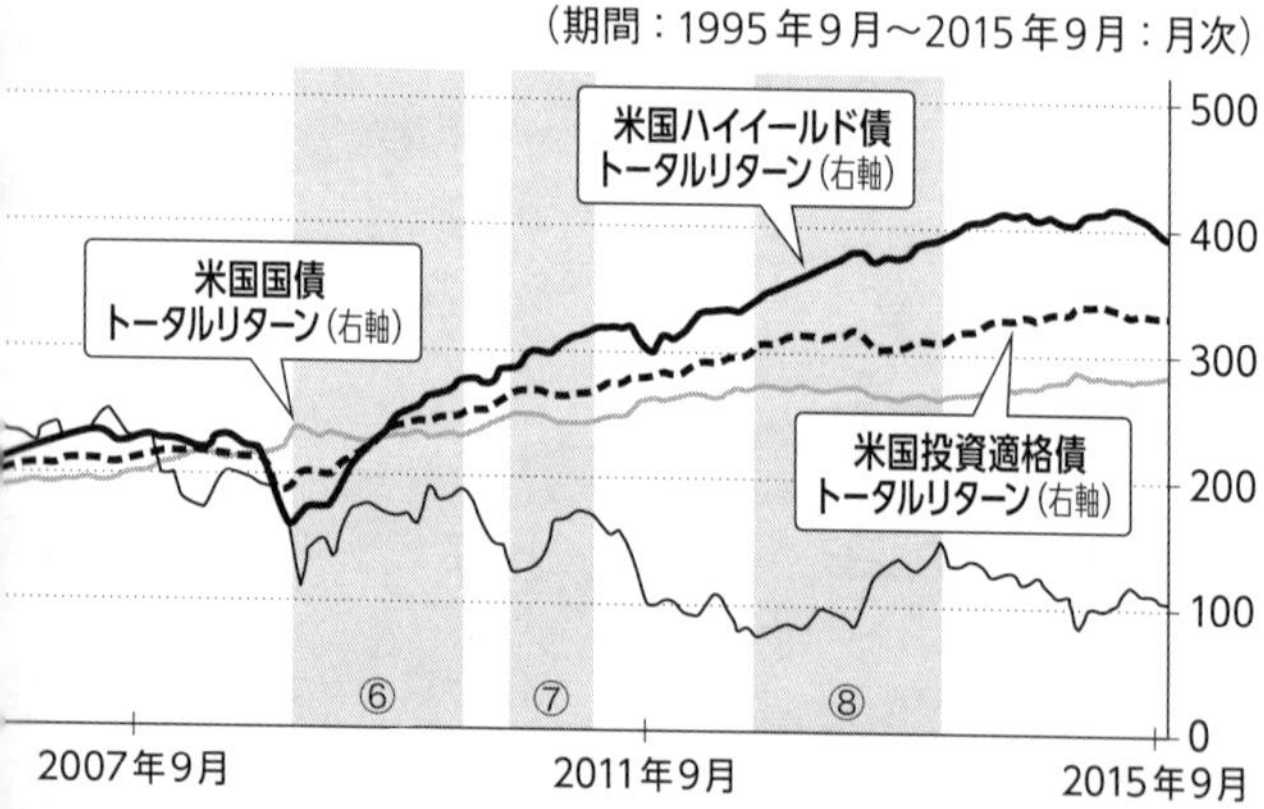

：金利上昇局面＝米国10年国債利回りが1.0％以上上昇した期間
※トータルリターンは、1995年9月末を100として指数化

図表5-6　米国各資産のリスク・リターン（過去10年）

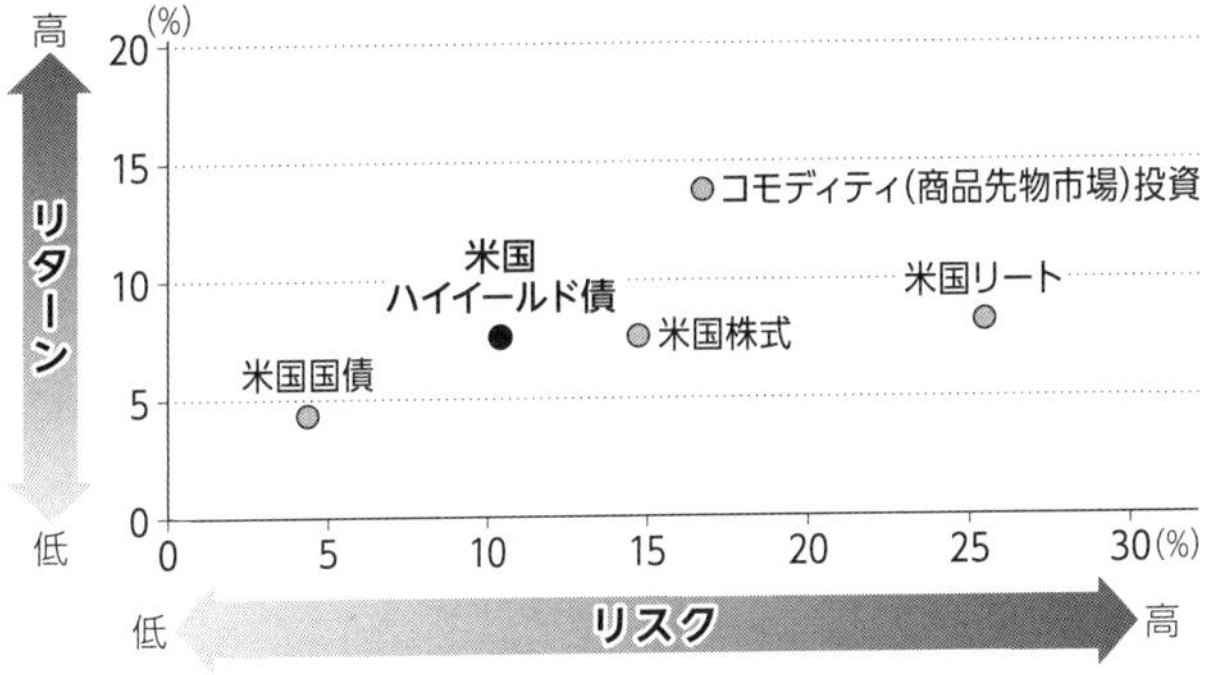

ハイイールド債が、リートや株式に比べて、リスクが低いにもかかわらずリターンが同じくらいであることがわかる。
（フィデリティ投信株式会社の資料をもとに作成）

図表5-7　過去の金利水準と米国主要債券のパフォーマンス

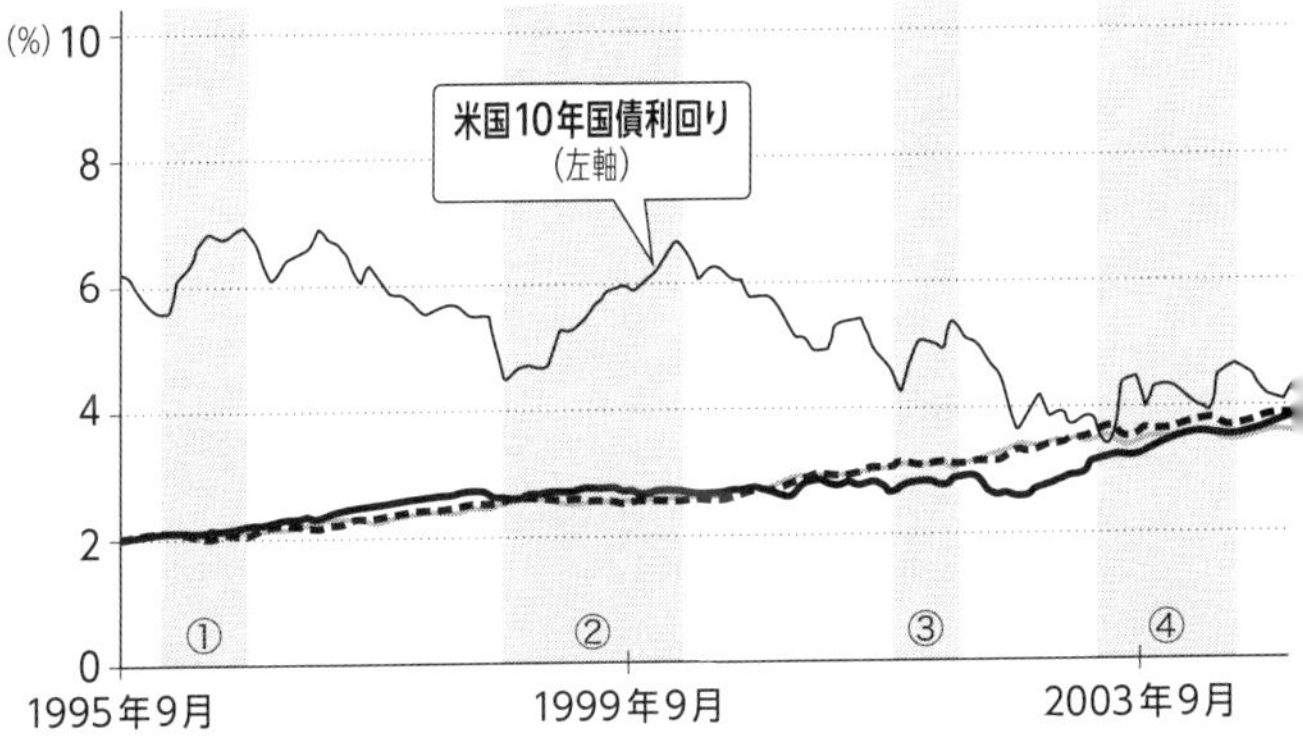

米国の金利が上がった時にハイイールド債のパフォーマンスが良いことを示している。（フィデリティ投信株式会社の資料をもとに作成）

図表5-8　米国10年国債利回りが1.0％以上上昇した局面における米国主要債券の期間騰落率

金利上昇期間	米国10年国債利回りの上昇幅	米国ハイイールド債トータルリターン	米国投資適格債トータルリターン	米国国債トータルリターン
① 96年 1月 ～96年 8月	1.4％	3.0％	▲2.7％	▲2.5％
② 98年 9月 ～00年 1月	2.2％	4.0％	▲1.3％	▲2.3％
③ 01年10月～02年 3月	1.2％	4.5％	▲2.0％	▲4.1％
④ 03年 5月 ～04年 5月	1.3％	11.3％	▲0.2％	▲2.5％
⑤ 05年 5月 ～06年 6月	1.2％	6.6％	▲1.2％	▲1.0％
⑥ 08年12月～10年 3月	1.6％	63.9％	23.0％	▲2.6％
⑦ 10年 8月 ～11年 3月	1.0％	10.1％	▲0.0％	▲2.8％
⑧ 12年 7月 ～13年12月	1.6％	13.6％	0.9％	▲3.9％

図表5-7と併せて考えても、今後米国が利上げをしてもハイイールド債が比較的堅調であると言える。（フィデリティ投信株式会社の資料をもとに作成）

って米国10年国債の利回りが上昇した局面では、景気回復により企業業績が上向き、信用力が向上するということでハイイールド債がさかんに買われた実績がある（【図表5－8】参照）。

以上を整理すれば、今後はUSドルベースで債券、特にハイイールド債を中心とした資産ポートフォリオを構築することが、リスクを最小化し確実にリターンを得ることのできる運用法、ということになるだろう。

非富裕層が行うべき運用法

本書では、ここまで専ら富裕層の資産運用について述べてきたが、その人に適した運用法は、その人がどの資産クラスに属するかによってかなり変わってくる。そこでここからは、富裕層とは言えない層が行うべき資産形成・運用についても少し述べておきたい。

まず資産総額1000万円以下の「資産形成クラス」に関して言えば、本書で述べてきたような、プライベートバンクを活用し何億円もの資金を元手にレバレッジを効かせ効率の高い運用をする、といった運用は残念ながらまだできない。したがってこの層の場合、そうした運用法をなるべく早くできるようにするためにも、リスクを軽減しながら着実に資産形成していくしかない。

もちろんハイリスクな運用に成功すれば飛躍的に資産を増やすことも不可能ではないし、実際に私がかつて所属していた野村證券で顧客に勧めていた銘柄の中にも、販売時の価格から数年で価値10倍になった個別の株銘柄があった。「投資の神様」ピーター・リンチの言うところのテンバガー銘柄（10倍になる銘柄）だが、こうした運用をするには当然それ相応のリスクを覚悟しなければならない。

また昨今はビットコインをはじめとする仮想通貨が注目されており、私も顧客と話していて、これに投資して元手を何十倍、何百倍、さらにそれ以上増やすことができた、などといった話を聞かされることがある。この仮想通貨が今後も有望な運用先たりうるのかについては私には見通すことはできないし、通貨システムの将来的なあり方に委ねるほかないが、とはいえ、現時点でリスクを極力抑えながらリターンを追求したいのであれば、株式や債券、為替、リート、オルタナティブなどを投資対象にしたほうが無難かつ合理的であるとは言えるだろう。これらは、いずれも企業の業績や景気、不動産価格、金や原油の価格などの実体経済と何らかの形でリンクしており、その関係性から現在価値を評価できるからだ。

資産形成層にとって種銭は何より大切なものであり、いかにこの種銭を減らさず利益を追求するかを考えなくてはいけない。テンバガーの株銘柄を探したり、仮想通貨によって急ピッチな資産増加のリスクを取ることは余裕資金でやる分にはいいが、余裕資金がないなら、まずは原理原則に基づいた資産形成を目指すべきだろう。

「分散効果の利用」は運用における第1原則

運用には誰もが従うべき3つの原理原則がある。資産形成層は多くの場合、投資の初心者でもあるだろうし、この原則をなおさら忠実に守る必要があるだろう。

その第1の原則が「分散効果を利用せよ」というルールであり、さらにこの「分散」にも「銘柄の分散」「時間の分散」という2種類がある。前者は市場、地域、銘柄をできるだけ幅広く振り分けることを意味し、これをすることでリスクとリターンのバランスが最適化される。グローバル経済発展の果実を効率よく得るという意味では、世界各国の株式をパッケージ化したファンドや、ETF（Exchange Traded Funds＝上場投資信託。東京証券取引所などに上場している投資信託で、日経平均株価などの指数に連動する）中心にポートフォリオを組むのがよいだろう。

後者の「時間の分散」については、ドルコスト平均法によって定額を毎月定期的に買い付けることで、自然と図られるだろう。

ドルコスト平均法とは、「毎月給料日に1万円分だけ投資信託を買う」というように、値動きのある金融商品を毎月定期的に、なおかつ一定の金額ずつ購入する投資法のことだ。これだと価格が安い時はたくさん、逆に価格が高い時は少量しか購入しない戦略を機械的に行うことになるので、結果的に毎月定期的に定量買うよりも平均取得額が分散される。

もっとも、すべての投資法がそうであるようにドルコスト平均法にもメリットとデメリットの両面があり、デメリットとしては一方方向の相場、つまり相場が上がり続けたり、逆に下がり続ける局面に入ってしまうと弱いという点が挙げられる。毎月の購入金額に縛りのない投資法を選択している場合、相場が上昇局面に入ってから底値の商品をたくさん買えばその分利益を大きくできるが、ドルコスト平均法では底値の商品でも買える額は限られているのでその分利幅は小さくなる。また逆に相場が下降トレンドに入ってしまうと、毎月買い続けることで損金を膨らませてしまうリスクもある。ただその反面、上げ下げを繰り返す「ボックス相場」には向いており、「高値摑み」させられる心配がない。加えて、どのタイミングで買い付ければいいのかという投資初心者にとって悩ましい問題に煩わされずに済むメリットがある。

安値の時にたくさん買って高値の時に売れればたしかに大きな利益にはなるが、投資の初心者がそうした勝ちパターンにこだわりすぎると「あそこで買って（売って）いれば」「あの時、もう少しまとまった資金があれば」など、投資において一番無意味な「たられば」思考に陥る羽目になってしまう。

その点、ドルコスト平均法による積立投資は、毎月の購入額と購入日を一度決めてしまえばその後は機械的に買い付けてくれるシステムなので、「投資タイミングを的中させる」などという、投資の神様でもなければできないことに余計なエネルギーを割く必要がない、というわけだ。

売り時、買い時がよくわからなかったり、買いたくてもまとまった資金がないのは投資初心者ならば当然のことだ。そうした投資初心者が、限られた資金でかつ中長期的にコツコツと資産形成する上で、ドルコスト平均法はやはり適していると言えるだろう。

税制のメリットを享受しながら運用するには

2番目の原則は、「税制のメリットを使う」ことである。税金と手数料は運用の成果を妨げる2大阻害要因であるが、その一つである税コストについては、NISA《ニーサ》（少額投資非課税制度）やiDeCo《イデコ》（個人型確定拠出年金）など税制でも認められている非課税枠を最大限活用することで、ある程度負担を減らすことができるのだ。

通常、株式や投資信託などの金融商品に投資をした場合、これらを売却して得た利益や受け取った配当に対して約20％の税金がかかることになっている。だが2014年から始まった個人投資家優遇税制のもとでは、銀行や証券会社に専用の口座（NISA口座）を開設し、その口座で株式や投資信託を購入すれば、売却益や配当金の税金は非課税（つまりゼロ）にできるようになった。

さらに2018年1月からは、少額からの長期・積立・分散投資を支援するための新たな非課税制度として「つみたてNISA」もスタートした。つみたてNISAもNISA同様、専用口座で購入した投資信託などの運用益がすべて非課税になるものだが、NISAの非課税投資枠が年120万円、非課税となる期間が最長5年間で総額600万円であったのに対し、つみたてNISAの場合は非課税投資枠が年40万円、期間が最長20年間で総額800万円と非課税投資枠がさらに拡大されている。

購入可能な商品が、金融庁が認可した一定の投資信託・ETF（上場投資信託）に限られているほか、購入方法も累積投資契約に基づく買い付け（顧客と金融機関の間で締結される累積投資契約に基づき、あらかじめ指定した銘柄を月1回など定期的に継続して買い付ける方法）に限られているものの、つみたてNISAはさきほど述べたドルコスト平均法の投資を中長期的に、コツコツとやっていく上で相性が良い制度と言えるだろう。

税負担を減らすことのできるもうひとつの制度として挙げた「iDeCo」は、確定拠出年金法に基づいて実施されている、任意加入型の私的年金制度だ。運用方法は加入者が自分で選択し、掛け金とその運用益との合計額をもとに給付を受けることができる。また、積み立てた資産は60歳になるまで引き出すことはできないが、その代わりに掛け金、運用益、そして給付を受け取る時には以下の3つの税制上の優遇措置が講じられる。

①掛け金が全額所得控除……毎月の掛け金を仮に1万円だとすると、その全額が税額軽減の対象となる。所得税率10％、住民税率が10％とすると、年間2・4万円の税金が軽減される。

②運用益も非課税……通常、金融商品を運用するとその運用益に課税（源泉分離課税20・315％が適用）されるが、iDeCoの場合は運用益が非課税で、再投資に回すことができる。

③運用資産受け取り時の控除……運用した資産は60～70歳までの間に、「一時金」「年金」「一時金と年金の両方」の3つのいずれかの形式で受け取ることになるが、年金として受け取る場合は「公的年金等控除」、一時金の場合は「退職所得控除」の対象となる。つまり、いずれを選択しても税金の優遇が受けられる。

終身保障型の生命保険などと違い、積み立てた資産を60歳になるまで引き出せない（解約返戻金がない）のは人によっては不便と感じられるかもしれないが、税優遇措置を受けながら老後の資産形成ができるという点で有効なツールではあるだろう。

手数料コストの最小化

3つの原則のうち、最後の一つは「コストを最小限にすること」である。これは具体的には、運用におけるもう一つの利益阻害要因である手数料を減らすことを意味しており、このコストは前述のETFや「インデックスファンド」を活用することで一定程度の軽減が可能である。

投資信託はその運用方針によって、運用担当者（ファンドマネージャー）が日経平均株価やTOPIX《トピックス》などの株価指数を「ベンチマーク」として設定し、その指数以上の利益を出そうとする「アクティブファンド」と、ベンチマークと同じような動きの運用を目指す「インデックスファンド」の2種類に大別される。前者・アクティブファンドの手数料は日本では税抜きで3％ということが多いのだが、後者・インデックスファンドに関しては、SBI証券などのネット証券会社がノーロード（手数料無料）のものを扱っている。

また、投資信託を運用する場合、通常は保有期間中に年率0・25〜0・50％（税抜き）前後の信託報酬が徴収されるのに対して、ETFをやはりSBI証券などのネット証券を通じて運用するのであれば、売買手数料は0・1％程度、信託報酬も0・1％前後とかなり下げることができる。

3原則に基づく運用をシミュレーションする

なおこのファンドで運用する際も、ポートフォリオを世界株式メインにしておくことで分散メリットを享受できる。以上を整理すると、NISA枠やiDeCoの非課税枠を最大限活用しつつ、世界株式のインデックスファンドかETFをドルコスト平均法で毎月買い付けていくことが、資産形成層が着実な実績を上げるための運用法、ということになるだろう。

【図表5-9】は25年間、毎月5万円を定期預金として積み立てた場合と、同じ額を世界株式のインデックスファンドに、なおかつドルコスト平均法で積み立てた場合の資産形成に

図表5-9　インデックスファンド＋ドルコスト平均法の効果

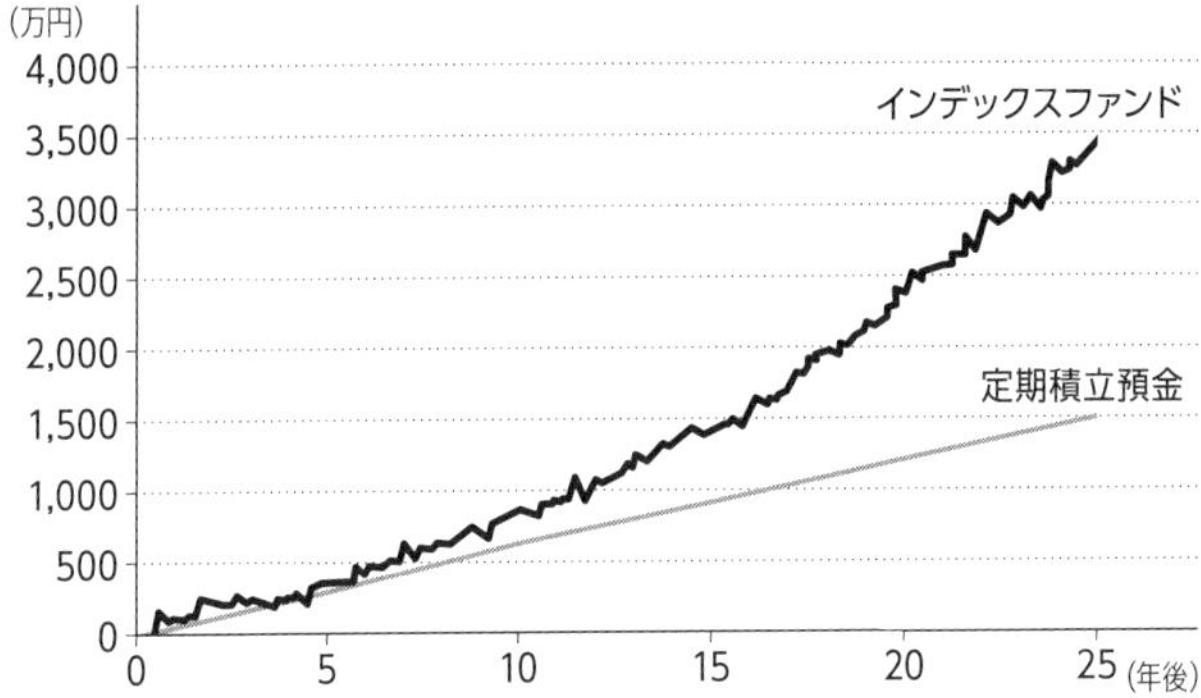

定期預金と「インデックスファンド＋ドルコスト平均法」では、25年間で積立金に2,000万円もの差が出てしまう。（出典：ハーバービジネスオンライン／扶桑社）

どの程度の差が出るかをシミュレーションしたものだ。見ての通り、同じ５万円の積み立てであるにもかかわらず、前者と後者では２０００万円もの差が生じている。

資産１０００万円を超えてからの運用法

①資産１０００万〜３０００万円以下

こうした運用をコツコツ続けて資産を１０００万〜３０００万円以下の水準まで増やすことができたなら、今度は本書１０９ページでも触れたようなレバレッジ・債券運用などに20万ＵＳドル単位（ものによっては10万ＵＳドル単位でも可能）の投資ができるようになり、これによりおおよそ４〜６％台の利回りを追求することができる。また資産３０００万円以下ではまだプライベートバンクに依頼するのは難しいのでレバレッジを効かせることはできないものの、87ページ【図表3－4】に記したようなハイイールド債ファンドの銘柄を組み合わせて購入し7％台の利回りも追求することができる。

これらを、1000万円以下のケースでも行った手法、つまり世界株式のインデックスファンド（もしくはETF）への投資を、コストを最大限下げながら行う運用法と並行して行いつつ、さらなる資産形成を目指したい。

②資産3000万～1億円以下

資産3000万～1億円以下の段階に届いたなら、まだ選択肢は少ないもののいくつかのプライベートバンクには資産運用を託すことができるようになる。前述の劣後債（117ページ参照）の組み合わせにレバレッジを効かせ、8％近い利回りが追求できるほか、【図表3－4】そのままに10％台の利回りでも追求することもできるようになる。

10％台の運用を目指すには、ハイイールド債のファンドを中心にしたポートフォリオによるレバレッジ運用が必要となる。エマージング債（新興国の政府・政府関係機関・企業が発行する債券）も利回りが高いので同じスキームは適用できるものの、相場が崩れた場合に、レパトリエーション（企業などが海外に投資していた資金を本国に戻すこと。資金還流）のリスクが懸念されるのでハイイールド債の方がベターなのである。

③資産1億~5億円以下

資産1億~5億円以下の段階まで来れば、香港、シンガポール、スイス、モナコなどにあるプライベートバンクの助けを借りることができる。これにより、ハイイールド債ファンドや劣後債のレバレッジ運用に加えて、DCD（仕組預金）やディスクレッショナリー・ポートフォリオ（一任勘定）のレバレッジ運用、さらには元手がかかる分リターンも大きい、プライベート・エクイティ（非上場企業の株式）への投資も可能になる。

たとえば自己資金2・5億円を投じ、これに2倍のレバレッジをかけて5億円にすることで、本来ならば資産5億円以上ないとできないプライベートバンクのファンドマネージャーによる運用を組むことができる。さらにハイイールド債の組み合わせをファンドマネージャーに考えてもらい、完全オーダーメイドのハイイールド債ポートフォリオを組むこともできる。

④資産5億円超

そして資産5億円超の富裕層になると、世界にあるほぼ全てのプライベートバンクを活用することができる。またディスクレッショナリー・ポートフォリオをプライベートバンクのファンドマネージャーに直接に意見を伝えつつ、完全オーダーメイドで組んでもらうことができるようになるほか、ほぼ全ての投資対象において、自分オリジナルのファンドを作ることも可能になる。

おわりに

私が本書を執筆しようと思ったのには、二つの理由があります。

一つは、野村證券に入社したところから私の社会人人生が始まり、その後、今日に至るまで、どうやったら顧客に儲けてもらい、バンカー（金融マン）側もその対価として収益をいただけるか、その点をずっと模索してきたことが原点になっています。折しも私が野村證券に入社した１９９２年はバブル崩壊の真っ只中で、なにがなんでも儲けさせないと顧客が離れていってしまうという事情がありました。そこで、金融商品だけでなく、アドバイスやスキームの構築など、顧客に何らかの形で利益をもたらせる方法を、何度も何度も自問自答し、考え続けてきました。

そのため証券業だけでは限界があると感じ、その後は第２章でお話ししたように複数の金融機関を渡り歩きましたが、満足な答えを見つけ出すことはできませんでした。紆余《うよ》曲折の末に辿り着いたのが、海外のプライベートバンク――私の場合はシンガポールのプライベートバンクだったのです。

本書で述べたような、日本とはまったく異なる海外のプライベートバンクでの資産運用法・管理法を、一部の富裕層だけでなく、より多くの方々に知っていただきたい、それが日本の金融リテラシー向上の一助になるのではないか、との思いから、おこがましい話ですが、筆をとった次第です。

二つ目の理由は、「はじめに」にも記したとおり、ノンフィクション作家である清武英利さんの著書『プライベートバンカー　カネ守りと新富裕層』に、主人公として実名で描かれたことです。

世界の富裕層を顧客とする海外のプライベートバンカーの実態は、ごく限られた人々にしか知られていません。とくに日本人富裕層を扱う海外の日本人バンカーの存在は、日本の様々な金融規制などもあって、ほとんど知られていないと言ってよいでしょう。その特殊な資産運用・管理法となればなおさらです。百戦錬磨のノンフィクション作家だけあって、清武さんの著書にはプライベートバンカーや富裕層の実態が生々しく描いてあり、出版後は私のもとにも多くの反響が寄せられました。その中でももっとも多かったご意見の一つが「プライベートバンカーの資産運用法・管理法をもっと詳しく教えてほしい」というものだったのです。

それが、この本を書こうと思った契機となりました。

テンプルトンの言葉

現在は景気拡大の中、マーケットは好調ですが、トランプ政権の誕生や北朝鮮情勢など、渾沌《こんとん》とした環境下にあるのもまた事実です。第5章でも触れましたが、この20〜30年を振り返っても、日本のバブル・ITバブルの崩壊や、サブプライム問題を発端としたリーマン・ショックによる世界的な大暴落など、相場は「陶酔的熱病」の中、消えていきました。

こういう時代にあって、私がよく思い浮かべる言葉があります。米国・ウォール街の伝説的なファンドマネージャーであったジョン・テンプルトンが遺した言葉です。

〈強気相場は悲観の中に生まれ、懐疑の中で育ち、楽観の中で成熟し、幸福感の中で消えていく〉

マーケットが総悲観となった局面が強気相場の出発点になりやすい、先行きに警戒感や疑い（懐疑）が残るうちは徐々に上昇（回復）を続ける、警戒感が薄れて楽観的になったころは相場の天井圏が近い、そしてマーケットが総強気や幸福感に浸っているときに上昇相場が終わる——という意味ですが、資産運用とは、最悪の局面も想定しながら、慎重にリスク・リターンを考えてこそ財を成すものであると個人的には考えています。

そのような視点からも、古くは260年以上前から続く、歴史あるプライベートバンクで脈々と受け継がれてきた資産運用・管理法というものは、それを活用する富裕層が絶えないという事実を含め、先行きの不透明な環境の中でも「資産を守りながら増やす」「リスクをコントロールしながら資産を増やしていく」のに適した運用法なのだと思います。
それが本書で述べたかったことです。

最後に、執筆へと背中を押していただき、初めて筆をとる私に、様々なご指導・ご鞭撻をいただいた講談社現代新書・青木肇編集長をはじめ、古川琢也さん、小林雅宏さんほか、各関係者の方々にお礼を申し上げます。
また、私が金融の世界に飛び込むことには反対しながらも、厳しくも、チャレンジ精神とタフさを培ってくれた亡き父、そしてどんな環境下でも常に支えてくれた母に感謝を申し上げて筆を擱《お》きたいと思います。

二〇一八年二月

杉山智一

N.D.C. 338　186p　18cm
ISBN978-4-06-288467-9

講談社現代新書　2467

プライベートバンカー　驚《きょう》異《い》の資《し》産《さん》運《うん》用《よう》砲《ほう》

二〇一八年三月二〇日第一刷発行

著者　杉山智一《すぎやまともかず》　

発行者　渡瀬昌彦
発行所　株式会社講談社
東京都文京区音羽二丁目一二―二一　郵便番号一一二―八〇〇一
電話　〇三―五三九五―三五二一　編集（現代新書）
〇三―五三九五―四四一五　販売
〇三―五三九五―三六一五　業務
装幀者　中島英樹
印刷所　凸版印刷株式会社
製本所　株式会社国宝社
定価はカバーに表示してあります　Printed in Japan

「講談社現代新書」の刊行にあたって

教養は万人が身をもって養い創造すべきものであって、一部の専門家の占有物として、ただ一方的に人々の手もとに配布され伝達されうるものではありません。

しかし、不幸にしてわが国の現状では、教養の重要な養いとなるべき書物は、ほとんど講壇からの天下りや単なる解説に終始し、知識技術を真剣に希求する青少年・学生・一般民衆の根本的な疑問や興味は、けっして十分に答えられ、解きほぐされ、手引きされることがありません。万人の内奥から発した真正の教養への芽ばえが、こうして放置され、むなしく滅びさる運命にゆだねられているのです。

このことは、中・高校だけで教育をおわる人々の成長をはばんでいるだけでなく、大学に進んだり、インテリと目されたりする人々の精神力の健康さえもむしばみ、わが国の文化の実質をまことに脆弱なものにしています。単なる博識以上の根強い思索力・判断力、および確かな技術にささえられた教養を必要とする日本の将来にとって、これは真剣に憂慮されなければならない事態であるといわなければなりません。

わたしたちの「講談社現代新書」は、この事態の克服を意図して計画されたものです。これによってわたしたちは、講壇からの天下りでもなく、単なる解説書でもない、もっぱら万人の魂に生ずる初発的かつ根本的な問題をとらえ、掘り起こし、手引きし、しかも最新の知識への展望を万人に確立させる書物を、新しく世の中に送り出したいと念願しています。

わたしたちは、創業以来民衆を対象とする啓蒙の仕事に専心してきた講談社にとって、これこそもっともふさわしい課題であり、伝統ある出版社としての義務でもあると考えているのです。

一九六四年四月　野間省一

政治・社会

1145 冤罪はこうして作られる 小田中聰樹
1201 情報操作のトリック 川上和久
1488 日本の公安警察――青木理
1540 戦争を記憶する――藤原帰一
1742 教育と国家――高橋哲哉
1965 創価学会の研究――玉野和志
1977 天皇陛下の全仕事――山本雅人
1978 思考停止社会――郷原信郎
1985 日米同盟の正体――孫崎享
2068 財政危機と社会保障――鈴木亘
2073 リスクに背を向ける日本人 山岸俊男 メアリー・C・ブリントン
2079 認知症と長寿社会――信濃毎日新聞取材班
2115 国力とは何か――中野剛志
2117 未曾有と想定外――畑村洋太郎
2123 中国社会の見えない掟 加藤隆則
2130 ケインズとハイエク 松原隆一郎
2135 弱者の居場所がない社会 阿部彩
2138 超高齢社会の基礎知識 鈴木隆雄
2152 鉄道と国家――小牟田哲彦
2183 死刑と正義――森炎
2186 民法はおもしろい――池田真朗
2197 「反日」中国の真実――加藤隆則
2203 ビッグデータの覇者たち――海部美知
2246 愛と暴力の戦後とその後――赤坂真理
2247 国際メディア情報戦――高木徹
2294 安倍官邸の正体――田﨑史郎
2295 福島第一原発事故 7つの謎 NHKスペシャル『メルトダウン』取材班
2297 ニッポンの裁判――瀬木比呂志
2352 警察捜査の正体――原田宏二
2358 貧困世代――藤田孝典
2363 下り坂をそろそろと下る 平田オリザ
2387 憲法という希望――木村草太
2397 老いる家 崩れる街 野澤千絵
2413 アメリカ帝国の終焉 進藤榮一
2431 未来の年表――河合雅司
2436 縮小ニッポンの衝撃 NHKスペシャル取材班
2439 知ってはいけない――矢部宏治
2455 保守の真髄――西部邁

経済・ビジネス

350 経済学はむずかしくない〈第2版〉——都留重人
1596 失敗を生かす仕事術　畑村洋太郎
1624 企業を高めるブランド戦略——田中洋
1641 ゼロからわかる経済の基本——野口旭
1656 コーチングの技術——菅原裕子
1926 不機嫌な職場——高橋克徳 河合太介 永田稔 渡部幹
1992 経済成長という病——平川克美
1997 日本の雇用——大久保幸夫
2010 日本銀行は信用できるか　岩田規久男
2016 職場は感情で変わる　高橋克徳
2036 決算書はここだけ読め！——前川修満
2064 決算書はここだけ読め！キャッシュ・フロー計算書編　前川修満

2125 ビジネスマンのための「行動観察」入門　松波晴人
2148 経済成長神話の終わり　アンドリュー・J・サター 中村起子 訳
2171 経済学の犯罪——佐伯啓思
2178 経済学の思考法——小島寛之
2218 会社を変える分析の力　河本薫
2229 ビジネスをつくる仕事　小林敬幸
2235 20代のための「キャリア」と「仕事」入門——塩野誠
2236 部長の資格——米田巖
2240 会社を変える会議の力　杉野幹人
2242 孤独な日銀——白川浩道
2261 変わった世界 変わらない日本——野口悠紀雄
2267 「失敗」の経済政策史　川北隆雄
2300 世界に冠たる中小企業　黒崎誠

2303 「タレント」の時代——酒井崇男
2307 ＡＩの衝撃——小林雅一
2324 〈税金逃れ〉の衝撃　深見浩一郎
2334 介護ビジネスの罠——長岡美代
2350 仕事の技法——田坂広志
2362 トヨタの強さの秘密　酒井崇男
2371 捨てられる銀行——橋本卓典
2412 楽しく学べる「知財」入門——稲穂健市
2416 日本経済入門——野口悠紀雄
2422 捨てられる銀行2 非産運用——橋本卓典
2423 勇敢な日本経済論——髙橋洋一 ぐっちーさん
2425 真説・企業論——中野剛志
2426 東芝解体 電機メーカーが消える日　大西康之

知的生活のヒント

M

趣味・芸術・スポーツ

620 時刻表ひとり旅——宮脇俊三
676 酒の話——小泉武夫
1025 J・S・バッハ——礒山雅
1287 写真美術館へようこそ——飯沢耕太郎
1404 踏みはずす美術史——森村泰昌
1422 演劇入門——平田オリザ
1454 スポーツとは何か——玉木正之
1510 最強のプロ野球論——二宮清純
1653 これがビートルズだ 中山康樹
1723 演技と演出——平田オリザ
1765 科学する麻雀——とつげき東北
1808 ジャズの名盤入門——中山康樹

1890 「天才」の育て方——五嶋節
1915 ベートーヴェンの交響曲——金聖響 玉木正之
1941 プロ野球の一流たち 二宮清純
1970 ビートルズの謎——中山康樹
1990 ロマン派の交響曲——金聖響 玉木正之
2007 落語論——堀井憲一郎
2045 マイケル・ジャクソン——西寺郷太
2055 世界の野菜を旅する 玉村豊男
2058 浮世絵は語る——浅野秀剛
2113 なぜ僕はドキュメンタリーを撮るのか——想田和弘
2132 マーラーの交響曲——金聖響 玉木正之
2210 騎手の一分——藤田伸二
2214 ツール・ド・フランス 山口和幸

2221 歌舞伎 家と血と藝 中川右介
2270 ロックの歴史——中山康樹
2282 ふしぎな国道——佐藤健太郎
2296 ニッポンの音楽——佐々木敦
2366 人が集まる建築——仙田満
2378 不屈の棋士——大川慎太郎
2381 138億年の音楽史 浦久俊彦
2389 ピアニストは語る ヴァレリー・アファナシエフ
2393 現代美術コレクター 高橋龍太郎
2399 ヒットの崩壊——柴那典
2404 本物の名湯ベスト100 石川理夫
2424 タロットの秘密——鏡リュウジ
2446 ピアノの名曲——イリーナ・メジューエワ